ZHONGGUO ZHISHI CHANQUAN

HAIGUAN BAOHU ZHIDU CHUANGXIN YANJIU

中国知识产权海关保护制度创新研究

周阳 著

人民出版社

目　录

引　言

　　"知识产权是指基于智力创造性活动所产生的权利。"①它作为鼓励与保护创新的一项重要制度,在促进经济与社会可持续发展等方面发挥着不可替代的作用。然而,伴随而来的是各种各样的侵犯知识产权的行为,特别是假冒商标与版权盗版,压制了知识产权权利人的创新动力,造成了市场主体间的不正当竞争。那些以知识产权作为重要基础的产业需要在前期研究与生产上投入大量的资金,而侵权行为往往只需要支付一点点甚至是忽略不计的成本,就很可能在风险较低的情况下牟取暴利。更为重要的是,由于知识产权与国际贸易的深度融合,导致这些侵权行为不仅扰乱了正常的国际贸易秩序,成为那些拥有大量知识产权的公司在快速增长的国际贸易中扩大业务与赚取利润的障碍,还给它们所在的国家造成了难以估量的损失。美国就声称每年因此损失 2500 亿美元,意味着 1.7%的GDP 与 75 万个工作岗位烟消云散。② 知识产权侵权行为还可能演变成国家之间贸易摩擦与争端的导火索,甚至成为矛盾的主角,例如,中美贸易战中知识产权一直是争议的焦点。这从客观上推动了打击知识产权侵权行为、维护健康的国际贸易秩序这样一种国际社

---

① 中国大百科全书总编辑委员会《法学》编辑委员会、中国大百科全书出版社编辑部编:《中国大百科全书(法学卷)》,中国大百科全书出版社 1984 年版,第 751 页。

② Peggy Chaudhry, Alan Zimmerman, *The Economics of Counterfeit Trade：Governments，Consumers，Pirates and Intellectual Property Rights*，Berlin：Springer，2009，pp.3-13.

会普遍共识的形成。

人们发现，打击假冒与盗版的最好方法便是在边境或者生产源头上查获侵权货物，防止它们进入流通渠道。① 生产源头的打击主要取决于一个国家的国内法，由于国情的差异，有些国家对于保护知识产权并不热心，整体的效果并不令人满意。从实际效果看，拦截假冒货物的最佳点就是进口环节。因为权利人有可能需要在不同国家提起诉讼，一旦假冒货物进入了销售渠道，执法就更为困难和麻烦。② 侵权诉讼对于权利人来说成本昂贵，需要花费大量的金钱、时间和精力，追究一个又一个批发商或者零售商的侵权责任。③ 对于权利人而言，直接在海关阻止侵权货物的通关显得更为有利。④ 于是，一些国家⑤开始在国内立法，知识产权边境保护制度的雏形开始形成。但是，国际贸易的内在性质决定了货物必须在全球范围内自由交易与流通才有价值，这就意味着单纯依赖一个或者一些国家实施知识产权边境保护制度，客观上就会把知识产权侵权行为赶到那些尚未推行类似制度的国家，"劣币驱逐良币"的现象很可能在这个问题上又一次得到展现，国际社会需要进一步凝聚共识后，集体采取行动才有可能奏效。世界知识产权组织

---

① Bankole Sosipo, *Piracy and Counterfeiting GATT, TRIPS and Developing Countries*, Amsterdam: Kluwer Law International, 1997, p.175.

② ［美］弗雷德里克·M. 阿伯特、［瑞士］托马斯·科蒂尔、［澳］弗朗西斯·高锐：《世界经济一体化进程中的国际知识产权法》（下册），王清译，商务印书馆 2014 年版，第1025 页。

③ 李明德等：《欧盟知识产权法》，法律出版社 2010 年版，第 123 页。

④ ［日］田村善之：《日本知识产权法》，周超等译，知识产权出版社 2011 年版，第543 页。

⑤ 例如，美国在《1930 年关税法》第 337 节中对"进口贸易中的不公平做法"作出规定，明确对于侵犯知识产权的案件，国际贸易委员会下达命令，规定由违反规定的人进口的货物，除对美国公共卫生及福利、在美国经济中的竞争条件、相同或直接竞争货物在美国的生产以及美国消费者不会产生不利影响外，不准向美国进口。美国海关署官员或雇员，直接负责实施下达的禁止进口的命令。具体参见《美国法典》第 19 编第1337 节。

（World Intellectual Property Organization，WIPO）管辖的《保护工业产权巴黎公约》（以下简称《巴黎公约》）第 9 条①、《保护文学和艺术作品伯尔尼公约》（以下简称《伯尔尼公约》）第 13 条第 3 款②以及1980 年《联合国国际货物销售合同公约》第 42 条第 1 款③等均是例证。

　　海关作为世界各国普遍设置的进出境监管机构，往往与知识产权边境保护紧密联系在一起。海关提供的边境保护对于进口货物的知识产权保护而言是上游保护，入关后国内知识产权执法是下游保护；而对于出口货物的知识产权保护，海关边境保护是最后的手段，国内知识产权保护则是前提。④ 因此，人们常常将知识产权边境保护直接理解为知识产权海关保护。准确地说，知识产权边境保护与知识产权海关保护两个概念相互之间具有交叉，知识产权边境保护主要是海关保护，但不局限于海关保护，而海关在知识产权保护的过程中也不完全局限在边境领域。⑤ 在多数情况下，知识产权海关保护制度是知识产权边境保护制度的主要组成部分。在少数单独关税

---

　　① 该公约第 9 条规定："（1）一切非法标有商标或厂商名称的商品，在输入到该项商标或厂商名称有权受到法律保护的本联盟国家时，应予以扣押。（2）在发生非法粘附上述标记的国家或在该商品已输入进去的国家，扣押应同样予以执行。（3）扣押应依检察官或其他主管机关或有关当事人（无论为自然人或法人）的请求，按照各国本国法的规定进行。（4）各机关对于过境商品没有执行扣押的义务。（5）如果一国法律不准许在输入时扣押，应代之以禁止输入或在国内扣押。（6）如果一国法律既不准许在输入时扣押，也不准许禁止输入或在国内扣押，则在法律作出相应修改以前，应代之以该国国民在此种情况下按该国法律可以采取的诉讼和救济手段。"

　　② 该公约第 13 条第 3 款规定："根据本条第一、二款制作的录音制品，如未经有关方面批准进口，视此种录音为侵权录音制品的国家，可予扣押。"

　　③ 该公约第 42 条第 1 款规定："（1）卖方所交付的货物，必须是第三方不能根据工业产权或其它知识产权主张任何权利或要求的货物，但以卖方在订立合同时已知道或不可能不知道的权利或要求为限，而且这种权利或要求根据以下国家的法律规定是以工业产权或其它知识产权为基础的。"

　　④ 孙益武：《过境货物相关知识产权执法研究》，复旦大学 2013 年博士学位论文，第 12 页。

　　⑤ 贺小勇等：《WTO 框架下知识产权争端法律问题研究——以中美知识产权争端为视角》，法律出版社 2011 年版，第 167 页。

区,有时知识产权海关保护制度的概念大于知识产权边境保护制度。因为有的单独关税区知识产权海关保护制度除行政保护方式外,还包括刑事保护方式。① 知识产权海关保护体制的最大好处是能阻止盗版、仿冒等侵犯知识产权权利人的货品进入国内市场流通领域。② 在本书中,除特别指出的外,知识产权海关保护与知识产权边境保护是一种内涵的两种表达方式,前者主要用于中国,后者用于海外,两者并无实质上的区别。

世界海关组织(World Customs Organization,WCO)③高度重视知识产权边境保护,将其视为一个千载难逢的展现海关作用、提升海关地位的制度载体。1981 年,海关合作理事会(Customs Co-operation Council,CCC)在 WIPO 主办的全球论坛上提出了海关打击假冒货物的问题。它积极与《关税及贸易总协定》(General Agreement on Tariffs and Trade,GATT)乌拉圭回合谈判工作组保持密切接触,提供相关政策建议,强调海关在知识产权边境保护中的重要作用,后者也投桃报李,于 1987 年 5 月发布工作文件,指出对于打击国际贸易中的假冒行为海关能够起到非常重要的作用,海关作为政府当局控制货物进出口的行政机构,进口时能够阻止假冒货物进入国内市场,出口时还能够防止假冒货物进入国际贸易市场;海关不应该无视假冒行为的存在以及这些行为对经济、个体和社会所造成的伤害。海关

---

① 朱秋沅:《知识产权边境保护制度原理与实案》,复旦大学出版社 2013 年版,第 6 页。

② 田力普主编:《中国企业海外知识产权纠纷典型案例启示录》,知识产权出版社 2010 年版,第 236 页。

③ 世界海关组织是政府间的海关国际组织,正式名称是海关合作理事会(Customs Co-operation Council,CCC),于 1952 年成立。1994 年,在其召开的第 83、84 届理事会会议上,专门通过议案,决定采用"世界海关组织"(World Customs Organization,WCO)作为工作名称(working name),从而更好地反映出其全球性国际组织的性质,也可以进一步协调好与世界贸易组织(World Trade Organization,WTO)的关系。为便于理解,下文中除特殊指出外,均采用"世界海关组织"或者"WCO"的表述。

肩负有打击国际贸易中假冒货物的义务。①

1988 年 1 月,为协助成员方政府制定好本国国内立法,CCC 常设技术委员会(Permanent Technical Committee)拟定了《给予海关权力执行商标与著作权法律的国家法律范本草案》(Draft Model for National Legislation to Give the Customs Powers to Implement Trade Mark and Copyright Legislation)(以下简称《范本草案》),并提供给 GATT 乌拉圭回合谈判工作组参考。1994 年 4 月,《马拉喀什建立世界贸易组织协定》正式达成,附件《与贸易有关的知识产权协定》(Agreement on Trade-Related Aspects of Intellectual Property Rights,TRIPS)在第三部分"知识产权的实施"第四节中规定"与边境措施相关的特殊要求",包括海关当局中止放行的相应程序、程序的申请、保证金或与之相当的担保、中止放行通知、中止放行期限、对进口人及商品所有人的赔偿、检查权及获得信息权、依职权的行为、救济以及可忽略不计的进口等内容。知识产权边境保护从此被纳入全球影响力最大的贸易协定中,并被赋予了成员国强制性义务的法律地位,它也实现了从单纯国际立法向突出国际执法的转变,知识产权边境措施的"最低保护标准"也得以正式确立。

WCO 随后对《范本草案》进行完善,在 1995 年推出了《赋予海关权力执行 TRIPS 的国家法律范本》(以下简称《法律范本》),并于2001 年根据形势变化修改为《公正有效执行 TRIPS 边境措施的国内立法示范条款》(Model Provisions for National Legislation to Implement Fair and Effective Boarded Measures Consistent with the Agreement on Trade-related Aspects of Intellectual Property Rights)(以下简称《示范

---

① Paragraph 2 - 4, Communication from the Customs Cooperation Council, Information from the International Organizations, Restricted Document MTN. GNG/NG11 /W /5 /Add.1, 29 May 1987.转引自余敏友等:《知识产权边境保护——现状、趋势与对策》,载《法学评论》2010 年第 1 期。

条款》）。2007 年 2 月,WCO 又发起制定了《海关统一知识产权执法的临时标准》(Standards to be Employed by Customs for Uniform Rights Enforcement)（以下简称《临时标准》）,后因无法解决发达国家与发展中国家之间的分歧而遭到搁置。2013 年 2 月,WCO 执法委员会开始适用修订后的《示范条款》,为各国海关知识产权立法提供了最佳做法,为那些意图修正或者审查相关知识产权立法的行政机关提供了有益的帮助。

在知识产权强国看来,国际社会应当随着时代发展的不断提升 TRIPS 协定知识产权边境措施"最低保护标准",但由于发展中国家与发达国家的互相对峙以及决策机制等原因无法实现。于是,它们利用体制转换的方法在自由贸易协定中规定了更高标准的知识产权边境措施条款,并借助国力优势对外单边输出本国高标准的知识产权边境措施。虽然取得了一些成效,但也带来了知识产权边境措施碎片化与缺乏正当性的弊端。WCO 等国际组织倡导的知识产权边境措施在法律性质上属于"软法",发挥作用的空间较为有限。为此,美国、日本、欧盟等从 2008 年 6 月起正式启动《反假冒贸易协定》(Anti-Counterfeiting Trade Agreement,ACTA) 的谈判,历时三年左右,在 2010 年 10 月,ACTA 草案文本主要争议方美国和欧盟迅速达成一致意见,经过文本翻译、法律审查等技术性工作之后,在 2011 年 4 月 15 日正式对外公布了包括英文、法文以及西班牙文等三种语言的 ACTA 最终版本。

ACTA 是一个旨在加强国际贸易中知识产权执法标准的新型国际知识产权协定。它在综合了各谈判方国内知识产权的执法实践的基础上,针对知识产权保护的民事、行政、刑事、边境保护及数字环境等问题予以详细的规定,特别是对知识产权边境措施执法标准进行了空前的强化,引起了包括谈判方在内的许多国家的高度关注与反对。由于美国、欧盟及其成员国未能完成国内批准程序,而使得

ACTA 最终未能生效，但就其产生过程以及协定条款，特别是知识产权边境措施的规定，不仅显著地提升了 TRIPS 协定中知识产权边境措施的"最低保护标准"，还对以 TRIPS 协定为代表的知识产权边境保护传统体制及其权利导向造成了强烈的冲击。知识产权国际保护在未来或许将主要围绕执法问题展开。[①] 一个全新的知识产权边境保护体制及更高保护标准的示范效应呼之欲出。

对于发展中国家来说，知识产权是一种制度"舶来品"，是被动移植、外力强加的结果；知识产权立法不是基于自身国情的制度选择，往往是受到外来压力影响的结果。[②] 中国知识产权立法也是如此。在中国所有的部门法中，知识产权法是对国际公约的最好摹写，是对西方标准的最佳映射，但很多书都认为其"中国特色"也最不明显。这套模仿来的法律，从它当前具有的形式与规格来说，是中美贸易谈判和中国努力加入 WTO 的结果。[③] 有人甚至声称，无论给中国多少时间，作为一个政治及文化实体的中国，会否"转轨"到知识产权强保护道路，从各个方面来说都仍然是个未知数。[④] 事实上，中国在改革开放 40 年的时间里已经构建起一整套运转有序、成效显著的知识产权海关保护制度，并在一些方面比 TRIPS 协定边境措施"最低保护标准"更加严格，充分体现出中国加强知识产权海关保护与履行国际义务的决心与努力。但是，与 ACTA 边境措施相比，还有明显的差异，其背后所折射出来的理念也是南辕北辙。尽管 ACTA 已经搁浅，但它的边境措施的制度设计客观上对中国知识产权海关保

① 袁真富、郑舒姝：《〈反假冒贸易协定〉（ACTA）：制度评价及其国际影响》，载《国际贸易问题》2012 年第 7 期。

② 吴汉东：《中国知识产权法制建设的评价与反思》，载《中国法学》2009 年第 1 期。

③ 冯象：《知识产权的终结——"中国模式"之外的挑战》，李一达译，载张玉敏主编：《西南知识产权评论》（第四辑），知识产权出版社 2014 年版，第 9—10 页。

④ ［美］韩诺季：《解构山寨——中国的"仿冒"反文化》，载陈夏红主编：《中国知识产权法：中国特色知识产权新探索》，王杰、彭耀进译，中国大百科全书出版社 2018 年版，第 25 页。

护制度造成了巨大压力,在实践中还将会直接危及中国贴牌企业的生存,冲击中国知识产权密集型企业的发展,加剧中国与欧美等国的知识产权贸易摩擦。① 进一步而言,它的出现将在经济层面阻碍中国出口贸易,在政治层面破坏中国知识产权法制体系,在文化层面对中国文化产业形成冲击。②

早在谈判伊始,很多学者就已经展开了 ACTA 学术与决策咨询研究,研究成果随着谈判的不断推进逐步增多,但这一切随着它陷入僵局而偃旗息鼓,慢慢为人所淡忘。然而,我们不能天真地认为,中国知识产权海关保护制度所承受的压力已经不复存在,世人似乎可以松一口气了。一方面,从趋势来看,知识产权边境保护标准日趋严格是一个在未来将确定发生的事实。ACTA 只可能是知识产权边境措施更高标准的一个起点,绝对不是终点。有人可能会质疑,在当今世界,为保护好莱坞的几家电影公司和一些唱片业巨头所付出的努力是否真的是对资源的一种良好机会,无论是立法还是执法。③ 但ACTA 背后的主导力量肯定不会善罢甘休,一定会通过各种形式卷土重来。另一方面,虽然法律所面临的数字化财产和重组 DNA,已经给它带来了许多实际的困难,但其中的许多困难还是被认为是独一无二和新颖的,关涉知识产权法与新环境的互动,而在该新环境中,法律就会发现,尤其当它被置于某一个历史语境中时,它自己就可以被看作是解决一系列其已经对付多年问题的法律的例子。无论一个数字化、有机将来的解放性呼吁是如何具有吸引力,但因为所争议的概念和提出这些主张的用语都是以过去为中介的,所以,即使最

---

① 张惠彬:《论商标权边境保护制度——兼评 ACTA 之相关规定》,载《国际经贸探索》2013 年第 11 期。

② 刘萍、冯帅:《ACTA 的"变相"回归及中国对策研究》,载《时代法学》2013 年第5 期。

③ David Flint,Computers and Internet Caught in the ACT(A),Business Law Review,June 2010,p.148.

激进的理由也仍然受惠于它们所力图挣脱的传统。矛盾的是,过去越是受人忽视,它对将来所能施加的控制就越大。^① 对此,我们有必要保持高度警惕,在学术上继续深入地展开跟踪研究。因此,本书在详细归纳与梳理中国知识产权海关保护制度立法设计、实体内容与程序规则的基础上,选取 ACTA 为具体剖析的对象,仔细揭示出 ACTA 代表着知识产权边境保护的"第四种体制"及其特点,并对比研究 ACTA 边境措施及分析其权利导向的新变化,进而较为系统地提出中国知识产权海关保护制度创新发展的主要路径。

---

① ［澳］布拉德·谢尔曼、［英］莱昂内尔·本特利:《现代知识产权法的演进:英国的历程(1760—1911)》,金海军译,北京大学出版社 2012 年版,第 2 页。

第一章　中国知识产权海关
保护的制度构建

中国知识产权海关保护制度始于中美两国关系正常化。1979年,中美两国先后签订了《中美高能物理协定》与《中美贸易关系协定》。在这两份协定中的第6条,美国均执意要求写入知识产权保护条款。[①] 1992年1月,两国政府在华盛顿签署《中美政府关于保护知识产权的谅解备忘录》,其中第5条规定:"两国政府将在各自境内及边境采取有效的办法和救济,以避免或制止对知识产权的侵犯,并遏制进一步的侵犯。在采取这些办法和救济时,两国政府应提供禁止滥用的保障,并应避免为合法贸易制造障碍。"这是中国政府第一次承诺在进出口环节采取知识产权保护措施。为进一步落实该备忘录,两国自1994年起便针对落实知识产权保护具体措施举行了新一轮的双边谈判。由于中国海关当时提供知识产权保护并没有任何法律依据,国务院为此于1994年7月5日发布了《国务院关于进一步加强知识产权保护工作的决定》,明确指出:"为了履行我国参加的《保护工业产权巴黎公约》和《保护文学和艺术作品伯尔尼公约》的有关规定,加强对外经济技术贸易中的知识产权保护,要强化海关在保护知识产权、制止侵权产品进出境方面的职能,采取必要的边境措施,有效地制止侵权产品的进出口。海关要加强与有关部门的联系

---

① 李雨峰:《枪口下的法律:中国版权史研究》,知识产权出版社2006年版,第161页。

和配合,依法严格实施知识产权的边境保护措施。"这实际上是对海关实施知识产权边境保护措施的临时法律授权。

　　1994年8月,海关总署正式发布《关于在海关监管工作中加强对知识产权保护问题的通知》,宣布侵犯知识产权(包括商标专用权、著作权及专利权)的货物不准进口或出口。1995年3月11日,中美两国政府代表在北京以换函的形式,确认了双方关于知识产权保护的谅解。作为该换函的附件,国务院以知识产权办公室的名义发布了《有效保护及实施知识产权的行动计划》,其中第七部分"海关执法"较为详细地规定了所有海关保护知识产权的主要内容与程序。①　它理所

---

　　①　该部分规定如下:自1995年3月1日至1995年10月1日,海关应在边境加强对激光唱盘、激光视盘、激光只读存储器和商标货物的进出口保护。海关由此应扣留侵权嫌疑货物。一旦这些货物被确认为侵权,就应予以没收、销毁或按下述条件排除在商业渠道之外,并对侵权责任人予以严厉的行政或司法制裁。知识产权进出境保护的新法规将于1995年7月1日前公布,1995年10月1日前实施。法规应明确,侵犯知识产权的进出口货物为违法货物。海关为保护知识产权应行使《中华人民共和国海关法》所规定的各项权力。尤其是:

　　——侵犯受中国法律和法规保护的知识产权的货物禁止进出口。

　　——著作权或商标权的所有人或其授权代理人可向海关提出申请,要求海关保护其进出口货物有关的知识产权。

　　——著作权实施方面,海关在申请人提供著作权法律证据后应对著作权实施保护,制止侵权货物进出口,如果申请人为《保护文学和艺术作品伯尔尼公约》成员国国民,《保护文学和艺术作品伯尔尼公约》成员国的著作权注册证书构成法律证据。

　　——商标方面,海关在申请人提供由中国工商局颁发的"商标注册证书"或在中国工商局认定未注册驰名商标情况下应对商标实施保护,制止侵权货物进出口。

　　——海关将基于侵权嫌疑而依照职权(即无需权利人的请求)、应权利人及其代理人的请求或随复查验著作权和商标权有关的各类进出口货物,以判定其是否为侵权货物。

　　——海关对涉嫌构成知识产权侵权的货物应予扣留,或根据人民法院的裁定扣留货物。在扣留涉嫌侵权货物时,应通知权利人或其代理人,权利人或其代理人可要求海关继续扣留该货物。当海关扣留涉嫌侵权货物时,权利人或其代理人应提供相当于被担保货物等值的担保金,其价值以货物发票为基础。如果决定认为货物不构成侵权,进出口人可诉诸法院要求权利人赔偿其损失。如果权利人支付了法院判定的损害赔偿,担保金应全部返回权利人;如果权利人没有及时支付损害赔偿,海关应将相当于损害赔偿数额的担保金交予法院。

　　——海关在法院、海关或有关行政主管部门作出排除侵权嫌疑的决定后,才可放行侵权嫌疑货物。但是,如果扣留通知送达权利人后十个工作日内,海关未得到有关被指控侵权人以外的当事人提起导致决定的侵权法律诉讼或授权部门已采取临时措施以延长扣留

当然地成为日后中国构建知识产权海关保护制度的基础。目前,中国已经形成以制定法为核心、以国际条约为重要补充、以判例法为参考的知识产权海关保护立法设计框架,从而确保其能够始终在法治轨道上良性发展。

第一节　中国知识产权海关保护制度的立法设计

一、知识产权海关保护的制定法

制定法是现代国家主要的法的渊源,即由不同的享有立法权或经授权的国家机关根据法定职权和程序制定的各种规范性文件。①

的通知,而且货物符合其他进出口条件的,海关可将其放行;在适当的情况下,此期限可再延长十个工作日。

——海关应自扣留货物之日起十个工作日内开始对涉嫌侵权的被扣留货物的合法性进行调查。尤其是,海关应在尽可能的情况下对嫌疑货物和合法货物进行比较,检查嫌疑货物及有关运输工具,检查海关监管下而又涉嫌侵权的工具和仓库,审查侵权案件有关的文件和资料。在此过程中,海关应检查侵权证据、其他侵权货物及用于制造侵权货物的材料和设备。

——对构成犯罪嫌疑的案件和超越海关权限的案件,海关应自扣留之日起二十个工作日内通知将海关合作查处此类案件的检察机关、公安机关或其他有关行政执法部门。

——被制定为侵权的进出口货物应由海关没收。被没收的违反中国著作权法的货物应予销毁。

——违反中国商标法的货物应被销毁,除非除去或抹去该商标。在不被销毁的情况下,此类货物应被排除在商业渠道外,并只能被用于慈善事业、表明需要此货物的政府机关使用或将其拍卖给非侵权人。

——海关应对侵权人予以严厉的行政处罚。

——海关将于 1995 年 12 月 31 日之前建立保护著作权和商标权的中央备案系统。备案有效期应不少于七年或到著作权或商标权失效为止,以更短者为准,到期以后可以续展。

——备案系统应包括嫌疑侵权人或已知侵权人的信息,其中包括行政当局、民事或刑事司法当局发现的从事侵权货物进出口的人和单位。海关应在该系统中包括由知识产权所有人或其他可靠来源提供的关于已知或嫌疑的侵权货物进出口人的信息、识别据信为侵权的具体商品的方法;如有可能,即将进出口货物的地点和时间;出口货物的嫌疑目的地。海关应将不断更新的备案信息散发到所有海关。

——如果有关当事人不服海关的决定,可依《海关法》第 53 条的规定提起行政复议或司法诉讼。

① 张文显主编:《法理学》,法律出版社 2004 年版,第 65 页。

中国知识产权海关保护制定法主要包括全国人民代表大会常务委员会制定的《中华人民共和国海关法》（以下简称《海关法》）、国务院制定的《中华人民共和国知识产权海关保护条例》以及海关总署制定的《中华人民共和国海关关于〈中华人民共和国知识产权海关保护条例〉的实施办法》等。

《海关法》是中国海关执法的一部基本法。早在 1987 年颁布实施时，并没有规定知识产权保护内容。2000 年 7 月 8 日，第九届全国人民代表大会常务委员会第十六次会议通过《关于修改〈中华人民共和国海关法〉的决定》，增加了两条知识产权海关保护的规定，分别是第 44 条有关海关保护知识产权职能及基本程序的规定，即："海关依照法律、行政法规的规定，对与进出境货物有关的知识产权实施保护。需要向海关申报知识产权状况的，进出口货物收发货人及其代理人应当按照国家规定向海关如实申报有关知识产权状况，并提交合法使用有关知识产权的证明文件。"第 91 条则规定对在进出口环节的知识产权侵权行为所应承担的法律责任，即："违反本法规定进出口侵犯中华人民共和国法律、行政法规保护的知识产权的货物的，由海关依法没收侵权货物，并处以罚款；构成犯罪的，依法追究刑事责任。"这两个条文在随后五次《海关法》修正后①继续予以保留。

1995 年 10 月，国务院颁布实施《中华人民共和国知识产权海关保护条例》（以下简称《知识产权海关保护条例》），它是中国第一部专门规范知识产权海关保护的行政法规，标志着知识产权保

---

①　它们分别是根据 2013 年 6 月 29 日第十二届全国人民代表大会常务委员会第三次会议《关于修改〈中华人民共和国文物保护法〉等十二部法律的决定》第二次修正、根据 2013 年 12 月 28 日第十二届全国人民代表大会常务委员会第六次会议《关于修改〈中华人民共和国海洋环境保护法〉等七部法律的决定》第三次修正、根据 2016 年 11 月 7 日第十二届全国人民代表大会常务委员会第二十四次会议《关于修改〈中华人民共和国对外贸易法〉等十二部法律的决定》第四次修正以及根据 2017 年 11 月 4 日第十二届全国人民代表大会常务委员会第三十次会议《关于修改〈中华人民共和国会计法〉等十一部法律的决定》第五次修正。

护正式成为中国海关的一项职责。受立法出台时间紧、缺少执法实践依托等客观因素的影响,该条例存在着对海关查处案件的限制过多、处理侵权争议的规定不合理、知识产权权利人的经济负担过重及其知情权没有充分保障以及对侵权货物的处置困难等问题。2004 年 3 月 1 日起开始实施新的《知识产权海关保护条例》,主要强化了收发货人的证据责任;在依职权保护模式下,厘清了海关调查的权力和责任,在依申请保护模式下,取消备案前置的要求,减轻了知识产权权利人申请海关保护的限制和经济负担,解决有权行政机关之间在处理侵权争议中的权力冲突问题,明确当事人的知情权,将收发货人在向海关提供担保后申请放行侵权嫌疑货物的权利限制在专利权范围内。① 2010 年 3 月 24 日,作为履行WTO 争端解决机制有关案件裁定的义务,中国政府正式公布了《国务院关于修改〈中华人民共和国知识产权海关保护条例〉的决定》,修改了原先关于海关没收侵犯知识产权货物的处置规定,并决定自当年 4 月 1 日起施行。

在行政法规层次,知识产权海关保护立法设计主要还包括《中华人民共和国海关行政处罚实施条例》(以下简称《海关行政处罚实施条例》)、《奥林匹克标志保护条例》以及《世界博览会标志保护条例》等。《海关行政处罚实施条例》于 2004 年 11 月 1 日实施,它填补了《海关法》中对于海关依法没收侵权货物后处以罚款却没有规定数额及幅度的空白②,有效地补充了《海关法》中的基础性条文。为

---

① 朱秋沅:《知识产权边境保护制度理论与实务》,上海财经大学出版社 2006 年版,第 81—85 页。

② 该条例第 25 条规定:"进出口侵犯中华人民共和国法律、行政法规保护的知识产权的货物的,没收侵权货物,并处货物价值 30% 以下罚款;构成犯罪的,依法追究刑事责任。需要向海关申报知识产权状况,进出口货物收发货人及其代理人未按照规定向海关如实申报有关知识产权状况,或者未提交合法使用有关知识产权的证明文件的,可以处 5 万元以下罚款。"

加强对奥林匹克标志的保护,保障奥林匹克标志权利人的合法权益,维护奥林匹克运动的尊严,中国制定了《奥林匹克标志保护条例》并于 2002 年 4 月 1 日起施行。它规定进出口货物涉嫌侵犯奥林匹克标志专有权的,由海关参照《海关法》和《知识产权海关保护条例》规定的权限和程序查处。《世界博览会标志保护条例》规定禁止侵犯世界博览会标志专有权的货物的进出口,对世界博览会标志专有权进行海关保护的程序适用《知识产权海关保护条例》的规定。

由海关总署制定,2004 年 7 月 1 日正式实施的《中华人民共和国海关关于〈中华人民共和国知识产权海关保护条例〉的实施办法》(以下简称《条例实施办法》)是知识产权海关保护的行政规章,主要目的是进一步细化《知识产权海关保护条例》,使其更具有操作性。《条例实施办法》于 2009 年 7 月 1 日起施行。

二、知识产权海关保护的国际法

中国知识产权海关保护的国际法主要包括国际条约与自由贸易协定(Free Trade Agreement,FTA)两种形式。改革开放以来,与国内知识产权立法相同步,中国积极参加知识产权国际保护体系,先后加入了一些主要的国际知识产权公约与国际经济条约,主要包括《建立世界知识产权组织公约》(1980 年)、《保护工业产权巴黎公约》(1985 年)、《联合国国际货物销售合同公约》(1986 年)、《商标国际注册马德里协定》(1989 年)、《保护文学和艺术作品伯尔尼公约》(1992 年)、《世界版权公约》(1992 年)、《保护唱片制作者防止唱片被擅自复制日内瓦公约》(1993 年)以及《专利合作条约》(1994 年)等,并在 2001 年加入 WTO 后成为 TRIPS 协定的缔约方。虽然《中华人民共和国宪法》并未对国际公约在国内如何适用的问题直接作出规定,但通过《中华人民共和国民法通则》相关条款①的分析,这些国际条约在中国不仅具有法律效力,而且一般优于国内法的相关规定。

截至目前,中国已经与格鲁吉亚、澳大利亚、瑞士、哥斯达黎加、东盟等国家或国际组织签署了16项双边或区域自由贸易协定,涉及24个国家或地区,正在与斯里兰卡、以色列、海合会等国家或国际组织进行谈判,并对与哥伦比亚、斐济、尼泊尔等国展开谈判做研究工作。② 不过,并不是所有的自由贸易协定中均有知识产权边境措施条款的安排,下面就含有该类似条款的自由贸易协定分别做一解析。

《中国—智利自由贸易协定》于2005年11月签署,自次年10月实施,主要覆盖货物贸易和合作等内容,是中国对外签署的第二个自由贸易协定,也是中国与拉美国家签署的第一个自由贸易协定。它在第3章第11条"与边境措施有关的特别要求"③以及第13章第

---

① 《民法通则》第142条第2款规定:"中华人民共和国缔结或者参加的国际条约同中华人民共和国的民事法律有不同规定的,适用国际条约的规定,但中华人民共和国声明保留的条款除外。"

② http://fta.mofcom.gov.cn/,2019年8月17日访问。

③ 该条规定如下:"一、各缔约方必须规定,任何启动程序要求海关中止放行被怀疑假冒商标的货物或者盗版的货物进入自由流通的知识产权持有者,需要向主管机关提供足够的证据来使其确信,根据进口缔约方的法律规定,已有初步证据证明该知识产权持有者的知识产权已经受到侵害,并且提供充分的信息让受到怀疑的货物能够被海关合理地辨认。要求提供的充分信息不应不合理地妨碍对上述程序的援用。二、各缔约方应该给予主管机关要求申请人提供足以保护被告和主管机关以及防止滥用权利的合理的保证金或者相当的担保的权力。上述保证金或者相当的担保不应不合理地妨碍对上述程序的援用。三、当主管机关裁定货物系假冒商标或者盗版时,该缔约方应给予主管机关权力,以应知识产权持有者的要求向其告知发货人、进口商和收货人的姓名和地址以及受到怀疑的货物的数量。四、各缔约方应该规定允许主管机关依职权启动边境措施,而不需要来自某人或者某知识产权持有者的正式申诉。上述措施应在有理由相信或者怀疑正在进口或者用于出口的货物系假冒商标或者盗版时采用。五、本条规定的实施应不迟于本协定生效后两年。"值得一提的是,对于该条中"货物"的界定,在脚注中予以解释为"在本条中:(一)假冒商标的货物指包括包装在内的,在没有授权的情况下使用某一与该类货物已有效注册的商标相同的商标,或者在其基本特征方面不能与上述商标区别,并且因此根据进口缔约方的法律侵犯了所涉商标权人的权利的任何货物;(二)盗版的货物指在没有经过知识产权持有者或者在产品生产缔约方内该权利持有者充分授权的人士同意而制造的复制品,以及直接或者间接由一个物品制造出的货物,如此种复制在进口缔约方和法律项下构成对版权或相关权利的侵犯"。

111 条"知识产权"①中规定了有关知识产权条款,其中,边境措施条款主要明确启动保护程序的条件、防止滥用权利的担保、信息披露、职权保护等内容,还专门对本条的生效时间作出规定,延迟至本协定生效后的两年,也就是给两国两年时间的缓冲期。

《中国—巴基斯坦自由贸易协定》于 2006 年 11 月签署,自 2007 年 7 月生效实施,主要覆盖货物贸易和投资等领域,是中国与南亚国家签署的第一个自由贸易协定。协定的签署和实施带动了双边经贸关系的快速发展。据统计,2018 年中巴双边贸易额达 190.8 亿美元,是 2006 年协定实施前的 3.6 倍。中国目前是巴基斯坦最大的贸易伙伴、最大的进口来源国、第三大出口市场和最大的投资来源国。巴基斯坦是中国在南亚地区的第二大贸易伙伴。②

---

① 该条规定如下:"一、知识产权合作的目标是:(一)基于现有的、缔约双方都参加的知识产权领域的国际协定的基础,包括 TRIPS 协定,尤其是于 2001 年 11 月 14 日,在卡塔尔多哈举行的第四次 WTO 部长级会议上通过的《TRIPS 协定与公共健康宣言》中提及的原则,和 2003 年 8 月 30 日通过的《关于执行 TRIPS 协定与公共健康多哈宣言第六条的决定》;(二)促进经济和社会发展,尤其是对有利于缔约双方的技术生产者和使用者的新数字经济、技术创新和技术转让与传播;鼓励社会经济福利和贸易的发展;(三)实现关于受保护标的物权利持有者的权利和使用者及社会的合法利益之间的平衡;(四)在知识产权的保护和执行方面为权利持有者和知识产权的使用者提供确定性;(五)鼓励杜绝和知识产权相关的构成权利滥用、限制竞争或可能阻碍新开发的转让和传播的行为和条件;以及(六)改进知识产权的有效注册登记。二、在缔约双方一致同意和拨定资金允许的条件下,缔约双方通过以下途径进行合作:(一)作为研究和创新工具的知识产权使用的教育和传播计划;(二)为公务员提供的关于知识产权的培训和专业化课程及其他机制;(三)在下列领域进行信息交流:1.知识产权系统的执行,2.为提高知识产权及其系统的意识而发起的适当倡议,以及 3.知识产权政策的发展,这些发展包括,但并不限于下列领域:版权法所规定的恰当的限制和除外的执行,以及和恰当保护数字化权利管理信息相关的措施的实施;(四)在多边或地区论坛中关于知识产权的倡议的政策对话的通知;(五)知识产权执行的联络点的通知;(六)关于发展、提高、相关法院判决和在国会中的法案的报告;(七)用于知识产权管理的电子系统的知识的提高;以及(八)缔约双方可能共同决定的其他活动或倡议。"

② 中华人民共和国商务部:《商务部国际司负责人介绍中巴自贸协定第二阶段议定书相关情况》,2019 年 4 月 30 日,见 http://fta.mofcom.gov.cn/article/chpakistan/chpakistan-news/201904/40423_1.html。

该协定在第 10 条"与边境措施有关的特别要求"①中详细规定了知识产权海关保护措施。

《中国—新西兰自由贸易协定》于 2008 年 4 月签署,自当年 10 月生效,这是中国与其他国家签署的第一个涵盖货物贸易、服务贸易、投资等诸多领域的全面自由贸易协定,也是中国与发达国家达成的第一个自由贸易协定。它在第 12 章单独将知识产权列为一章,涵盖了"定义"②、"知识产权原则"③及"总则"④等,共 8 条。该协定虽然并未言及知识产权边境措施,但在总则第 2 款中明确,各方重申对《TRIPS 协定》及双方参加的与知识产权相关的其他多边协定的承诺,也就是说,中新两国完全照搬了《TRIPS 协定》边境措施的规定,而排除了个性化的安排。中新自贸协定升级谈判于 2016 年 11 月正式启动。2018 年 9 月 10—13 日,中国—

---

① 该条规定:"一、各缔约方必须规定,任何启动程序要求海关中止放行被怀疑假冒商标的货物或者盗版的货物进入自由流通的知识产权持有者,需要向主管机关提供足够的证据来使其确信,根据进口缔约方的相关法律规定,已有初步证据证明该知识产权持有者的知识产权已经受到侵害,并且提供充分的信息让受到怀疑的货物能够被海关合理地辨认。要求提供的充分信息不应不合理地妨碍对上述程序的援用。二、各缔约方应该给予主管机关要求申请人提供足以保护被告和主管机关以及防止滥用权利的合理的保证金或者相当的担保的权力。上述保证金或者相当的担保不应不合理地妨碍对上述程序的援用。三、当主管机关裁定货物系假冒商标或者盗版时,该缔约方应给予主管机关权利,以应知识产权持有者的要求向其告知发货人、进口商和收货人的姓名和地址以及受到怀疑的货物的数量。四、各缔约方应该规定允许主管机关依职权启动边境措施,而不需要来自某人或者某知识产权持有者的正式申诉。上述措施应在有理由相信或者怀疑正在进口或者用于出口的货物系假冒商标或者盗版时采用。"

② 该条规定:"就本章而言:知识产权是指《TRIPS 协定》定义的版权及相关权利,以及对商标、地理标识、工业设计、专利、集成电路布图设计及植物品种的权利。"

③ 该条规定:"一、双方认识到知识产权在促进经济与社会发展,特别是在新数字经济、技术创新和贸易方面的重要性。二、双方认识到,需要在权利人权利与被保护标的相关用户及群体的合法权益之间实现平衡。"

④ 该条规定:"一、各方应当建立和维持透明的知识产权体制与体系,以便:(一)为知识产权保护和执法带来确定性;(二)使商业合规成本最小化;(三)通过传播思想、技术和创造性的工艺便利国际贸易。二、各方重申对《TRIPS 协定》及双方参加的与知识产权相关的其他多边协定的承诺。三、为本章之目的,《TRIPS 协定》经必要修改后并入本协定,构成本协定的一部分。"

新西兰自由贸易协定第五轮升级谈判在北京举行。双方围绕技术性贸易壁垒、原产地规则、服务贸易、电子商务、环境、政府采购等议题展开深入磋商,并结束了政府采购章节,推动谈判取得积极进展。①

《中国—秘鲁自由贸易协定》于 2009 年 4 月签署,自次年 3 月起正式实施,这是中国与拉美国家签署的第一个包括货物贸易、服务贸易、投资等内容全面的一揽子自由贸易协定。它将知识产权内容单列为第 11 章,包括"一般规定"②及"与边境措施有关的特别要求"③等共 5 条。边境措施条款主要明确启动保护程序的条件、

---

① 　中华人民共和国商务部:《中国—新西兰自由贸易协定第五轮升级谈判在北京举行》,2019 年 7 月 20 日,见 http://fta.mofcom.gov.cn/article/chinanewzealand/newzealand-news/201809/38883_1.html。

② 　该条规定:"一、缔约双方认识到知识产权在促进经济与社会发展中所起的重要作用,特别是在技术创新和贸易的全球化,以及为技术创造者和使用者的共同利益进行技术转移和传播等方面。双方同意鼓励社会经济福利和贸易发展。二、缔约双方认识到,关于知识产权保护,应在权利人权利与使用人及社会的合法权益间实现平衡。三、各缔约方重申双方共同参加的、包括 TRIPS 协定在内的与知识产权有关的国际协定中的承诺。四、缔约双方将防止权利人滥用知识产权、不合理地限制竞争、限制技术转让或者对技术转让造成不利影响的行为。五、各缔约方应当建立和维持透明的知识产权制度,以为知识产权保护和执法提供确定性。六、缔约双方承认到 2001 年 11 月 14 日在卡塔尔多哈举行的 WTO 第四届部长级会议通过的《TRIPS 协定与公共健康多哈宣言》和 2003 年 8 月 30 日通过的《总理事会关于执行〈TRIPS 协定与公共健康多哈宣言〉第六段的决议》确立的原则。"

③ 　该条规定:"一、各缔约方必须规定,任何知识产权权利人启动程序要求海关中止放行涉嫌假冒商标或者盗版的货物进入自由流通领域的,需要向主管机关提供足够的证据来使其确信,根据该缔约方的法律规定,已有初步证据证明该权利人的知识产权已经受到侵害,并且提供充分的信息让涉嫌货物能够被海关合理地辨认。要求提供的充分信息不应不合理地妨碍适用上述程序。二、各缔约方应该给予主管机关权力,以要求申请人提供足以保护被告和主管机关以及防止滥用权利的合理的担保或者相当的保障。上述保证金或者相当的担保不应不合理地妨碍适用上述程序。三、当主管机关裁定货物系假冒商标或者盗版时,该缔约方应给予主管机关权力,以应知识产权权利人的要求向其告知发货人、进口商和收货人的姓名和地址以及涉嫌货物的数量。四、各缔约方应当规定允许主管机关依职权启动边境措施,而不需要来自某人或者某知识产权权利人的正式控诉。上述措施应在有理由相信或者怀疑正在进口、出口或者转运的货物系假冒商标或者盗版时采用。"

防止滥用权利的担保、信息披露、职权保护等内容,特别值得一提的是,该条最后专门强调应在有理由相信或者怀疑正在进口、出口或者转运的货物系假冒商标或者盗版时采取保护措施,意味着在常见的进口与出口环节之外,还将转运环节中的涉嫌货物包括进来。目前,协定实施效果总体良好,对推动双边经贸关系持续健康稳定发展发挥了积极作用,给两国企业和人民带来了实实在在的好处。据统计,2018 年中秘双边货物贸易额达 231 亿美元,同比增长 14.7%,秘鲁已成为中国企业赴拉美投资的优选目的地之一。2019 年 6 月 17—19 日,中国—秘鲁自贸协定升级第二轮谈判在秘鲁首都利马举行。双方在首轮谈判基础上,围绕服务贸易、投资、海关程序与贸易便利化、原产地规则、卫生与植物卫生措施、知识产权、电子商务和竞争政策等议题展开全面深入的磋商,谈判取得积极进展。[1]

《中国—哥斯达黎加自由贸易协定》签署于 2010 年 4 月,自次年 8 月起正式生效,促进双边货物贸易、服务和投资等领域的合作深入发展,并为两国进一步发展双边关系注入新的活力与内涵。它同样将知识产权内容单列为第 10 章,分别是"原则"[2]、"一般规定"[3]以

---

[1]　商务部新闻办公室:《中国—秘鲁自贸协定升级第二轮谈判在秘鲁举行》,2019 年 6 月 26 日,见 http://fta. mofcom. gov. cn/article/chinabilu/bilunews/201906/40838_1.html.

[2]　该条规定:"一、缔约双方认识到知识产权在促进经济与社会发展中所起的重要作用,特别是在技术创新、科学和贸易的全球化,以及为技术创造者和使用者的共同利益进行知识和技术转让与传播等方面。双方同意鼓励社会经济福利和贸易发展。二、缔约双方认识到,关于知识产权保护,应在权利人权利与使用人及社会的合法权益间实现平衡。"

[3]　该条规定:"一、各缔约方重申双方共同参加的、包括 TRIPS 协定在内的与知识产权有关的国际协定中的承诺。二、各缔约方应当建立和维护透明的知识产权制度,以为知识产权保护和执法提供确定性,同时通过观念、技术、科学和创造性工作的传播为国际贸易提供便利。三、缔约双方将防止权利人滥用知识产权、不合理地限制竞争、限制技术转让或者对技术转让造成不合理地阻碍或限制的行为。"

及"边境措施"①等共 9 条。其中,边境措施条款主要明确启动保护程序的条件、防止滥用权利的担保、信息披露、职权保护等内容,并强调在符合与各缔约方国际义务相一致的国内法律的情况下,保护措施应在有理由相信或者怀疑正在进口或以出口为目的的货物系假冒商标或者盗版时采用。

《中国—冰岛自由贸易协定》于 2013 年 4 月在北京签署,自次年 7 月起正式生效。冰岛是第一个承认中国完全市场经济地位的欧洲发达国家,也是第一个与中国商谈自由贸易协定的欧洲国家,作为中国与欧洲国家签署的第一个自由贸易协定,它涵盖货物贸易、服务贸易、投资等诸多领域。它在第 6 章中专门规定了知识产权内容,共 4 条。与《中国—新西兰自由贸易协定》相似,本协定也没有规定知识产权边境措施,但在第 64 条"国际公约"中重申在 TRIPS 协定项下的义务,TRIPS 协定将被纳入本协定并构成协定的一部分。除此之外,两国还采取列举的方式说明遵守共同参加的与知识产权相关的 6 项多边协定项下的义务。

《中国—瑞士自由贸易协定》于 2013 年 7 月在北京签署,自次

---

① 该条规定:"一、各缔约方必须规定,任何知识产权权利人启动程序要求海关中止放行涉嫌假冒商标或者盗版的货物进入自由流通领域的,需要向主管机关提供足够的证据来使其确信,根据该缔约方的进口法律规定,已有初步证据证明该权利人的知识产权已经受到侵害,并且提供充分的信息让涉嫌货物能够被海关合理地辨认。要求提供的充分信息不应不合理地妨碍适用上述程序。二、主管机关有权要求申请人提供足以保护被告和主管机关以及防止滥用权利的合理的担保或者相当的保障。上述保证金或者相当的担保不应不合理地妨碍适用上述程序。三、当主管机关裁定货物系假冒商标或者盗版时,该缔约方应给予主管机关权力,以向知识产权权利人告知发货人、进口商和收货人的姓名、地址以及涉嫌货物的数量。四、各缔约方应当规定主管机关有权依职权启动边境措施,而不需要来自某知识产权权利人的正式控诉。在符合与各缔约方国际义务相一致的国内法律的情况下,上述措施应在有理由相信或者怀疑正在进口或以出口为目的的货物系假冒商标或者盗版时采用。"对于该条中"货物"的界定,在脚注中予以解释为"在本条中:假冒商标的货物指包括包装在内的,在没有授权的情况下使用某一与该类货物已有效注册的商标相同的商标,或者在其基本特征方面不能与上述商标区别,并且因此根据进口缔约方的法律侵犯了所涉商标权人的权利的任何货物;以及盗版的货物指在没有经过知识产权持有者或者在产品生产缔约方内该权利持有者充分授权的人士同意而制造的复制品,以及直接或者间接由一个物品制造出的货物,如此种复制在进口缔约方和法律项下构成对版权或相关权利的侵犯"。

年7月起正式生效。它是中国与欧洲大陆国家和全球经济前20
强国家达成的第一个双边自由贸易协定。它在第11章中专门规
定了知识产权保护,包括"总则"、"关于知识产权的效力、范围和
使用标准"、"知识产权的取得与存续"以及"知识产权执法"4小
节,与知识产权海关保护有关联的分别为第11.1条"知识产
权"①、第11.2条"知识产权的定义"②、第11.16条"中止放行"③、

---

① 该条规定:"一、在遵循本章及缔约双方均已加入的国际协定条款的情况下,缔约双方应授予并确保充分、有效、透明和非歧视性的知识产权保护,并采取措施落实这些权利,防止权利遭到侵权、假冒和盗版。二、在知识产权保护方面,缔约双方应给予对方不低于其给予本国国民的国民待遇。对本义务的豁免必须符合世贸组织《与贸易有关的知识产权协定》(以下简称"TRIPS协定")第3条和第5条实质性条款。三、在知识产权保护方面,缔约双方应授予对方不低于其给予任何其他国家国民的国民待遇。对此项义务的豁免必须符合TRIPS协定的实质性条款,特别是第4条和第5条。四、缔约双方认识到知识产权保护和执法的重要性,知识产权保护和执法能够激励研究、发展和创造性活动,这将促进经济和社会发展,并有利于知识和技术的传播。缔约双方认识到知识产权保护和执法应在权利所有人和公众的合法利益之间达到一种平衡。五、缔约双方可采取适当措施,以阻止权利人滥用知识产权或采取行动对贸易进行不合理限制或对技术转让带来不利影响,只要这些措施符合本协定条款及缔约双方承担的国际义务。六、缔约双方同意,应任一缔约方要求且在符合联委会缔约双方协议的前提下,回顾本章中包含的知识产权保护条款,以使条款以均衡的方式与国际知识产权发展保持同步,并确保这些条款能在本协定下在实践中运作良好。"

② 该条规定:"在本协定中,'知识产权'特别包括版权及邻接权、商品和服务的商标、地理标志、工业品外观设计、专利、植物新品种、集成电路布图设计(拓扑图)以及未披露信息。"在此条脚注中,分别注明:瑞士的原产地名称可被当作地理标志在中国进行保护。对于瑞士来说,货源标志也是知识产权定义的一部分。

③ 该条规定:"一、缔约双方应当采取程序,使有正当理由怀疑进口或出口货物可能发生侵犯专利权、工业品外观设计、商标权或版权情况的权利人,能够根据国内法律法规,以书面形式向主管的行政或司法当局提出由海关当局中止放行该货物进入自由流通的申请。二、当主管部门有正当理由怀疑某些货物的进口或出口将侵犯专利权、工业品外观设计、商标权或版权,缔约双方应当允许其根据国内法律和法规自己主动采取行动并中止放行货物。三、为了让权利人能够根据第一款提交申请,缔约双方应当授权海关部门通知权利人。四、诚然,缔约双方没有义务将第一或第二款规定的中止放行程序应用到因权利人同意投放到它国市场的货物的自由流通中。五、在依据第一或第二款实施中止的情况下,中止放行产品的缔约一方的主管部门应根据其国内法律法规通知权利人该中止行为,包括提供必要的已知信息以便权利人执行权利,例如发货人或收货人的名称和地址、进口商或出口商,如果适用,还要提供有问题产品的数量。六、每一缔约方应当确保其行政或司法主管部门在权利人的请求下,有权根据第一或第二款决定已被中止放行的产品将被扣押,直到侵权纠纷得到最终裁定。七、如果主管部门已经作出涉嫌货物侵犯知识产权的裁定,每一缔约方应当提供程序以便权利人能够尝试追回并补偿与其行使权力相关的可能已经产生的成本和开支,以及本规定中提供的补救措施。"

第 11.17 条"检查权"①、第 11.18 条"责任声明,保证或等价担保"②以及第 11.20 条"临时措施和禁令"③等。2017 年 1 月 16 日,两国宣布启动自由贸易协定升级联合研究,共同探讨提升和丰富协定内容的可能性。④ 与其他自由贸易协定相比,本协定在许多地方有明显的个性化。第一,边境措施的保护客体从常见的假冒商标与盗版货物有条件地增加了专利权与工业品外观设计;第二,给予各自充分的自由度来按照本国法律法规采取中止放行涉嫌货物的措施;第三,明确海关在边境措施中的通知义务;第四,排除了转运环节的适用;第五,信息披露中涉嫌货物的数量信息的提供有一定条件;第六,扣押涉嫌货物的时间在权利人的请求下可以一直到最终裁定出台时止;第七,对相关成本与开支作出了有利于权利人的规定;第八,对被扣押货物的检查、取样、技术分析等予以详细规定。

《中国—韩国自由贸易协定》签署于 2015 年 6 月 1 日,自当年 12 月 20 日生效实施。它经过八年的精心准备,但仅用不到三年的

---

①　该条规定:"一、主管部门应当给予中止货物的申请人以及其他与该中止相关的人员以机会,检查已被中止放行或已被扣留的货物。二、当检查货物时,主管部门可以取样,并根据相关方的现行规则在权利人的要求下,将其移交或送交给权利人供其分析以及为后续程序提供便利。如果情况允许,完成技术分析后,并且在适用的情况下,在货物被放行或解除扣押之前,样本必须归还。对样品的任何分析应当在权利人全权负责下进行。三、嫌疑侵权货物的申报人、持有人或所有者可在检查中出席。"

②　该条规定:"主管部门应当有权要求申请人声明在有关情况下对所涉人员承担责任,或在合理情况下提供足以保护被告和主管部门或防止滥用的保证金或同等的担保。此类保证金或同等的担保不应无理阻止对这些程序的援用。"

③　该条规定:"一、每一缔约方应当保证其司法机关有权采取及时及有效的临时措施:(一)防止侵犯任何知识产权,特别是防止侵权商品进入其管辖范围内的商业渠道,包括结关后立即进入的进口商品。(二)保存有关被指控侵权的相关证据。二、在适当情况下,特别是在任何延迟可能给权利人造成不可弥补的损害,或者存在证据被销毁的显而易见的风险时,司法机关有权视情不听取当事人陈述而采取临时措施。在请求临时措施时,司法机关应当迅速行动并不得无故拖延地作出决定。三、每一缔约方应当保证在涉及知识产权执法的民事司法程序中,其司法机关有权责令缔约一方当事人停止侵权,除其他事项外,防止涉及知识产权侵权的进口商品在结关后立即进入其管辖范围内的商业渠道。"

④　商务部新闻办公室:《中国与瑞士启动自贸协定升级联合研究》,2019 年 5 月 16 日,见 http://fta.mofcom.gov.cn/article/chinaswitz/chinaswitznews/201701/34042_1.html。

时间便完成谈判,是中国对外谈判的覆盖领域最广、涉及国别贸易额最大的自由贸易协定,也是东北亚地区第一个自由贸易协定,协定范围涵盖货物贸易、服务贸易、投资和规则等 17 个领域,将有效地促进区域经济一体化以及两国产业链的全面融合。它将知识产权单列为第 10 章,相对于其他协定,内容非常广泛,条款数量众多,分为"一般规定"、"版权和相关权"、"商标"、"专利和实用新型"、"遗传资源、传统知识和民间文艺"、"植物新品种保护"、"未披露信息"、"工业品外观设计"、"知识产权的取得与存续"、"知识产权的执行"以及"其他条款"等 11 小节。其中,与知识产权海关保护有关联的主要包括第 15.2 条"总则"①、第 15.3 条"国际协定"②、第 15.4 条"更广泛的保护"③

---

① 该条规定:"一、缔约双方应根据本章条款以及双方已加入的国际协定,给予并确保对知识产权进行充分、有效、透明及非歧视的保护,并提供应对侵权、假冒和盗版的知识产权执法措施。二、对于本章包括的各类知识产权,缔约双方在知识产权保护方面给予对方国民的待遇不得低于其给予本国国民的待遇。对此项义务的豁免必须符合《与贸易有关的知识产权协定》(TRIPS)第 3 条与第 5 条的实质性条款,以及《世界知识产权组织表演和录音制品条约》(以下简称"WPPT")第 4 条(2)。三、在与本协定的规定及缔约方的国际义务相一致的前提下,缔约方可以采取适当措施,以阻止权利人滥用知识产权或者阻止对贸易进行不合理限制或对技术的国际转让带来不利影响的行动。"在脚注中,该条注明:为本章之目的,"知识产权"特别包括版权及相关权、商品和服务的商标、工业品外观设计、专利、实用新型、植物新品种以及未披露信息。

② 该条规定:"缔约双方重申遵守缔约双方均已作为缔约国加入的已有国际协定中有关知识产权的既有承诺。这些国际协定包括:(一)TRIPS 协定;(二)《保护工业产权巴黎公约》(1967)(以下简称《巴黎公约》);(三)《保护文学和艺术作品伯尔尼公约》(1971)(以下简称《伯尔尼公约》);(四)《专利合作条约》(1970),1979 年修正;1984 年和 2001 年修改;(五)《国际承认用于专利程序的微生物保存布达佩斯条约》(1977),1980 年修正;(六)《商标注册用商品和服务国际分类尼斯协定》(1957),1979 年修正;(七)《商标国际注册马德里协定有关议定书》(1989);(八)《世界知识产权组织表演和录音制品条约》(1996);(九)《世界知识产权组织版权条约》(WCT)(1996);(十)《保护录音制品制作者防止未经许可复制其录音制品公约》(1971);(十一)《国际植物新品种保护公约 1978》(以下简称"1978UPOV 公约");及(十二)《建立世界知识产权组织公约》。"

③ 该条规定:"各缔约方可以但没有义务在其国内法中规定比本章要求更为广泛的知识产权保护和执法,只要此类更为广泛的保护不与本章相抵触。"

以及第 15.26 条"有关边境措施的特殊要求"①等。相比较下来,本协定的知识产权边境措施内容最为丰富,且有很多创新,它们主要体现为:第一,在保护标准上,规定各方可以在协定标准基础上提供更为广泛的保护,但不得以此作为强制性义务要求对方;第二,边境保护的范围环节不仅包括进口、出口、转运,还涵盖了国内存放与保税仓库;第三,保护程序的启动主要依赖于权利人申请,主管机关依职权启动属于选择性规定;第四,对侵权货物的处理设置了强制性顺序规定;第五,对因采取措施引起相关费用规定了基本原则;第六,除假冒商标与盗版外,侵犯专利、植物多样性、已注册的外观设计或者地理标志权利的货物也被纳入保护范围。

《中国—澳大利亚自由贸易协定》于 2015 年 6 月 17 日在堪培拉

---

①　该条规定:"一、各缔约方应当根据国内法规定,采取程序使有正当理由怀疑在一个自由贸易区进口、出口、转运、存放及在保税仓库存放侵犯知识产权货物的行为有可能发生的权利人,能够向行政或司法主管机关提出书面申请,要求海关中止放行此类货物进入自由流通或者扣留此类货物。二、各缔约方应当根据国内法预先规定,在进口、出口、转运以及进入包括自由贸易区在内的保税区环节,如提供足够的信息(例如涉嫌侵权的进口商或出口商、涉嫌侵权的货物的识别方法),权利人可以请求海关保护其权利。如海关发现与权利人请求保护的权利相关的涉嫌侵权货物,可以告知权利人包括出口商和进口商名称、进口商地址、产品说明、数量和申报价格等在内的细节,并可给予权利人申请启动中止放行货物程序的机会。三、各缔约方应当规定,其主管机关应当有权要求申请中止放行涉嫌侵权货物程序的权利人提供足以保护被告和主管机关并防止滥用的合理保证金或同等担保。各缔约方应当规定,保证金或同等担保不得不合理地妨碍诉诸此类程序。四、各缔约方应当规定,如存在货物正在侵犯第一款规定的知识产权的明显证据,其主管机关可在没有私人或者权利人正式申诉的情况下依职权中止放行货物。五、各缔约方可以规定,已经被其海关中止放行且根据第一款规定被没收的侵犯知识产权货物应当被销毁,但例外情况除外。对于假冒商标货物,仅去除非法附着的商标尚不足以允许将这类货物投放商业渠道。六、各缔约方应当规定,当就实施知识产权边境措施确定申请费、商品保管费或处置费时,这些费用的设定数额不应不合理地妨碍诉诸这类措施。"在脚注中,对"侵犯知识产权货物"予以界定,即包括:(1)假冒商标货物意指包括包装在内的任何货物,只要未经授权载有的商标与这些货物上被有效注册的商标一样,或在基本特征上不能与这样一个商标相区分,并因此依进口国法律侵犯了上述商标所有权人的权利;(2)盗版货物意指任何未经权利所有人或生产国权利人合理授权的人同意的复制品,且根据进口国法律直接或间接复制构成侵犯版权或相关权的货物;及(3)根据缔约方海关措施适用的法律法规,侵犯专利、植物多样性、已注册的外观设计或者地理标志权利的货物。

签署,自当年 12 月 20 日生效实施。它是中国首次与经济总量较大的主要发达经济体谈判达成的自由贸易协定。它将知识产权内容单列为第 11 章,总共 24 条,与知识产权海关保护有关联的主要包括"目的和原则"①、"定义"②、"义务为最低义务"③以及"边境措施"④等。虽然该协定签署时间与生效时间相隔最近,但知识产权边境措施内容却相对常见,同样规定协定不妨碍各方在此基础上提供更为广泛的保护与执法,也就是说,两国均享有在其自身法律制度和实践中以适当方式执行协定规定的自由。值得一提的是,协定排除了对少量非商业性货物进出口的适用。

---

① 该条规定:"本章旨在通过知识产权保护和执法,提升贸易和投资的利益。双方认识到:(一)建立和维持透明的知识产权制度、促进和维持充分有效的知识产权保护和执法为知识产权权利人和使用者提供了确定性;(二)知识产权保护和执法应该有助于促进技术创新及技术的转让与传播;(三)知识产权保护促进经济社会发展,并能减少对国际贸易的扭曲和阻碍;(四)知识产权制度应该支持开放、创新和高效的市场,包括通过知识产权的有效创造、使用、保护和执法,适当限制和例外,以及权利人、使用者的正当利益和公共利益之间的适当平衡;(五)知识产权制度本身不应该构成合法贸易的障碍;(六)可以采取适当措施,防止权利人滥用知识产权,或采取不合理地限制贸易、反竞争或对国际技术转让有不利影响的做法,只要此类措施与《与贸易有关的知识产权协定》及本章的规定相一致;以及(七)可以采取适当措施,保护公共健康和营养,只要此类措施与《与贸易有关的知识产权协定》及本章的规定相一致。"

② 该条规定:"就本章而言,除非有相反意向出现:(一)知识产权是指《与贸易有关的知识产权协定》中定义和描述的版权及相关权利,以及关于商标、地理标识、工业设计、专利和集成电路布图设计(拓扑图)、植物品种和未披露信息的权利;(二)一方国民,就相关权利而言,包括该方符合《与贸易有关的知识产权协定》第 1.3 条所列协定规定的保护标准的实体;(三)《与贸易有关的知识产权协定》是指《世贸组织协定》附件 1C 中的《与贸易有关的知识产权协定》;以及(四)世界知识产权组织(WIPO)是指世界知识产权组织。"

③ 该条规定:"各方应至少使本章的规定生效。一方可以,但无义务,提供比本章要求更为广泛的知识产权保护和执法,只要此种额外保护和执法不违反本协定的规定。各方应享有在其自身法律制度和实践中以适当方式执行本章规定的自由。"

④ 该条规定:"一、各方应确保对于权利人启动中止放行涉嫌使用假冒商标的商品或盗版商品的程序要求不得不合理地妨碍使用这些程序。二、当其主管部门认定货物为假冒商标商品或盗版商品(或者已扣留可疑货物),各方应规定其主管部门有权至少将发货人、收货人的姓名、地址,以及涉案货物数量告知权利人。三、各方规定其海关对于进口或出口的涉嫌假冒商标的商品或盗版商品可依职权启动边境措施。四、各方应确保其法律、法规或政策允许相关主管部门在接到信息或投诉时根据其法律采取措施,防止假冒商标商品或盗版商品出口。五、对于少量非商业性货物的进出口,双方可排除适用本条。"

　　《中国—格鲁吉亚自由贸易协定》于 2018 年 1 月 1 日生效并实施。中格自由贸易协定是中国与欧亚地区国家签署的第一个自由贸易协定,也是"一带一路"倡议提出后中国启动并达成的第一个自由贸易协定。协定的实施是落实党的十九大关于"促进自由贸易区建设,推动建设开放型世界经济"的具体举措,对推进自贸区战略和实施"一带一路"倡议具有重要意义。[①] 该协定在第 17 条"执法"中涉及知识产权执法问题。[②]

　　除中国缔结或参加的国际知识产权公约与自由贸易协定外,中国海关还与其他国家海关签署了一些有关知识产权边境措施的合作协议,例如,2010 年的《中华人民共和国海关总署和俄罗斯联邦海关署关于加强知识产权边境执法合作的备忘录》、2011 年修改后的《中华人民共和国海关总署和美利坚合众国国土安全部海关与边境保护局关于加强知识产权边境执法合作的合作备忘录》、2014 年的《中欧海关 2014—2017 年知识产权合作行动计划》等。它们不仅属于知识产权海关保护的国际法范畴,有时候在内容上也颇具特点。例如,《中华人民共和国海关总署和俄罗斯联邦海关署关于加强知识产权边境执法合作的备忘录》第 1 条第 1 款就规定,一方应向另一方提供本国现行的有关海关对商标、著作权及其邻接权、奥林匹克标志和残奥会标志保护的法律以及最新的修订情况。显然,残奥会标志在这里是一个新突破。当然,该条只是阐述双方负有提供法律的义务,并不代表在边境环节对残奥会标志提供海关保护,但这至少反映出两国在此问题上共同关注的一种立场。

---

　　① 中华人民共和国商务部:《中国与格鲁吉亚自贸协定今日生效》,2019 年 7 月 21 日,见 http://fta.mofcom.gov.cn/article/chinageorgia/chinageorgianews/201801/36758_1.html。
　　② 该条规定:"一、每一缔约方承诺实施有效的知识产权执法体系,以消除侵犯知识产权的货物贸易和服务贸易。二、每一缔约方根据《与贸易有关的知识产权协定》,至少应对具有商业规模的恶意假冒商标或版权盗版行为规定刑事程序和处罚。可使用的救济应包括足以起到威慑作用的监禁和(或)罚金,并应与适用于同等严重犯罪所受到的处罚水平一致。"

三、知识产权海关保护的判例法

判例法是指与制定法相对称的一种法的渊源,是上级法院对下级法院处理类似案件时具有法律上的约束力的判例。① 大部分的法律都是经过不断的司法裁判过程才具体化的,才获得最后清晰的形象,然后才能适用于个案,许多法律条文事实上是借助裁判才成为现行法的一部分。② 从实在法意义上讲,判例法指的是由一个个实际案件中的司法判决所确立的原则和规则集合的总称,它是一种区别于制定法或其他形式法律的法律形式渊源。在学理意义上讲,它是指由判例所构成的一套法理。在英美法系,判例法曾是法律发展的至关重要的因素,现在仍然是重要的因素。③ 中国并非英美法系,不是一个判例法国家,但并不妨碍判例及司法解释在中国知识产权海关保护立法设计中仍然能够发挥出一定的作用。中国知识产权海关保护的判例包括国际判例与国内判例两个层面。下文主要以前者做一简要介绍。

在 WTO 成立之前,国际知识产权制度实际上并未产生国际裁判机构判决意义上的国际法先例。尽管国际法院拥有裁判与国际知识产权公约有关事项的管辖权(《巴黎公约》第 28 条及《伯尔尼公约》第 33 条),常设国际法院没有受理过任何案件,而且国际法院迄今也未受理过任何案件,主要原因人所共知:国际法院的判决很难被强制执行。④ WTO 成立后设置的争端解决机制使得知识产权边境措施被赋予了强制性义务的效力。一些国家便利用该机制针对中国知识产权海关保护制度提起诉讼。2007 年 4 月,美国宣布向 WTO

① 张文显主编:《法理学》,法律出版社 2004 年版,第 65 页。
② [德]卡尔·拉伦茨:《法学方法论》,陈爱娥译,商务印书馆 2003 年版,第 20 页。
③ 薛波主编:《元照英美法词典》,法律出版社 2003 年版,第 197 页。
④ [美]弗雷德里克·M. 阿伯特、[瑞士]托马斯·科蒂尔、[澳]弗朗西斯·高锐:《世界经济一体化进程中的国际知识产权法》(上册),王清译,商务印书馆 2014 年版,第 21—22 页。

提出要求与中国进行磋商,声称中国海关边境措施违反了根据 TRIRS 协定第 46 条和第 59 条项下的义务,缺少根据 TRIPS 协定第 59 条义务销毁或者处置侵权货物的权利。因为这些措施已经设置了一套强制性的方案,中国海关不能使用自有裁量权销毁侵权货物,而必须按照规定的办法处理,这种办法可能使得侵权货物进入商业渠道或者对知识产权权利持有人带来损害,转交给公益机构的做法有损于权利持有人的利益,也无法阻止公益机构将这些货物转卖出去;有偿转让给权利持有人的做法使得后者为侵权货物支付费用,同样损害了权利持有人的利益;拍卖的做法不能将侵权货物清除出商业渠道,还是损害了权利持有人的利益。就这三条措施而言,海关没有销毁侵权货物的权力。同时,美国还认为中国的措施不符合 TRIPS 协定第 46 条第 4 句①所确定的原则,没有证据显示将除去侵权特征的货物拍卖只在个别情况下发生。②

2007 年 12 月 13 日,专家组成立,阿根廷、澳大利亚等 12 个成员保留其作为第三方参加专家组程序的权利。2008 年 10 月 9 日,专家组向争端双方提交了中期报告。同年 11 月 13 日,提交最终报告。专家组认定:在中国涉案海关措施涉及出口货物的限度内,第 59 条③并不适用;美国未能证明中国的涉案海关措施违反了第 59 条纳入的第 46 条第 1 句④所列原则;中国的涉案海关措施违反了第 59 条

---

① 该句为:"对于假冒货物,除例外情况外,仅除去非法加贴的商标并不足以允许该货物放行进入商业渠道。"

② 余敏友等:《知识产权边境保护——现状、趋势与对策》,载《法学评论》2010 年第 1 期。

③ 该条规定:"在不损害权利持有人可采取的其他诉讼权并在遵守被告寻求司法机关进行审查权利的前提下,主管机关有权依照第四十六条所列原则责令销毁或处理侵权货物。对于假冒商标货物,主管机关不得允许侵权货物在未作改变的状态下再出口或对其适用不同的海关程序,但例外情况下除外。"

④ 该句为:"为有效制止侵权,司法机关有权在不给予任何补偿的情况下,责令将已被发现侵权的货物清除出商业渠道,以避免对权利持有人造成任何损害,或下令将其销毁,除非此点会违背现有的宪法规定的必要条件。"

纳入的第 46 条第 4 句所列原则。中美双方随后在法定期限内均未上诉。本案是中美之间在知识产权领域发生的第一起 WTO 争端,也是 TRIPS 协议争端历史上第一个涉及知识产权刑事保护的案件,同时还是 TRIPS 协议生效以来涉及案件参与方最多的案件之一。该案专家组报告作为判例,已成为 WTO 法律的一个重要组成部分,对知识产权保护的国际规则、中国知识产权制度建设产生重大影响。① 中国海关可以适当参照专家组的建议,修改相应的海关对侵权货物的拍卖程序,使之具体化,更具有操作性,例如除了要求删除商标以外,还要求对侵权货物的主要特征,尤其是外观特征进行改变后才能拍卖,如果无法改变,就予以销毁,以此来履行中国加入 WTO 时候的承诺。② 2010 年 3 月 17 日,国务院通过了《知识产权海关保护条例》修改的决定,第 27 条第 3 款被修改为:"被没收的侵犯知识产权货物可以用于社会公益事业的,海关应当转交给有关公益机构用于社会公益事业;知识产权权利人有收购意愿的,海关可以有偿转让给知识产权权利人。被没收的侵犯知识产权货物无法用于社会公益事业且知识产权权利人无收购意愿的,海关可以在消除侵权特征后依法拍卖,但对进口假冒商标货物,除特殊情况外,不能仅清除货物上的商标标识即允许其进入商业渠道;侵权特征无法消除的,海关应当予以销毁。"

第二节　中国知识产权海关保护实体规则的解构

一、知识产权海关保护的主体

从权利的角度来看,知识产权的主体即为权利所有人,包括著作

---

① 陈福利:《中美知识产权 WTO 争端研究》,知识产权出版社 2010 年版,第 297 页。
② 贺小勇等:《WTO 框架下知识产权争端法律问题研究——以中美知识产权争端为视角》,法律出版社 2011 年版,第 212—213 页。

权人、专利权人、商标权人等;从法律关系的角度来看,知识产权关系的主体则为权利人及除权利人以外的义务人。① 知识产权海关保护的主体如果按照后一种解释,则包括海关、知识产权权利人、进出口货物收发货人与进出境物品所有人以及报关代理人②,参照前一种,主要是指受到海关保护的知识产权权利人。在下文中,我们采纳前一种的解释。

1995 年 10 月 1 日施行的《中华人民共和国海关关于知识产权保护的实施办法》第 2 条规定:"在本办法中,知识产权权利人(以下简称权利人)系指《中华人民共和国著作权法》第九条所称的著作权人及著作权专有使用许可的被许可人、《中华人民共和国商标法》第三条所称的商标注册人和《中华人民共和国专利法》第六条所称的专利权人。"然而,该条内容在 2009 年修订时被删除,导致在当前任何一部法律、行政法规或部门规章中均找不到有关知识产权海关保护权利人范围的解释,绝大多数直接使用知识产权权利人的称谓。③我们只能从知识产权法的一般原理出发去理解,知识产权海关保护的主体应当是海关所保护的知识产权客体的权利人。因此,与这些客体所联系的商标注册人、专利权人、著作权人以及与著作权有关的权利人、奥林匹克标志专有权人、世界博览会标志专有权人就是中国知识产权海关保护的主体。

《中国—智利自由贸易协定》第 11 条中将知识产权边境措施中的主体规定为"知识产权持有者",也就是"知识产权权利持有人",

① 吴汉东:《知识产权总论》(第三版),中国人民大学出版社 2013 年版,第 36 页。

② 朱秋沅:《知识产权边境保护制度原理与实案》,复旦大学出版社 2013 年版,第 121—136 页。

③ 例如,《知识产权海关保护条例》第 4 条规定:"知识产权权利人请求海关实施知识产权保护的,应当向海关提出采取保护措施的申请。"《条例实施办法》第 2 条第 1 款中规定:"知识产权权利人请求海关采取知识产权保护措施或者向海关总署办理知识产权海关保护备案的,境内知识产权权利人可以直接或者委托境内代理人提出申请,境外知识产权权利人应当由其在境内设立的办事机构或者委托境内代理人提出申请。"

这在《中国—巴基斯坦自由贸易协定》中也是类似表述。"权利持有者"的英文表述为"right holder",它强调的是一种现在的状态,即对知识产权进行占有、使用的人,"权利所有人"的英文表述是"right owner",是对知识产权享有占有、使用、收益、转让或处分等权利的人。知识产权持有人的范围更为广泛,一般情况下除包括权利所有人外,还涵盖了那些经过合法程序取得知识产权使用权的被许可人。不过,中国在与其他国家签署的一些自由贸易协定中仍然采取了"知识产权权利人"的表述,而非"知识产权权利持有人",究竟中国知识产权海关保护权利人是哪一种类型? 我们当然不能简单根据哪种表述被采纳或者适用数量的多寡就轻易地作出结论,而只能谨慎地认为,仅仅在《中国—智利自由贸易协定》、《中国—巴基斯坦自由贸易协定》与知识产权边境措施有关的特别要求中,知识产权权利持有人是中国知识产权海关保护的主体,在其他场合中中国知识产权海关保护的主体仍然是知识产权权利所有人。

知识产权海关保护权利人可以是自然人与法人,还可以是本国人与外国人。这是国民待遇原则所蕴含的"法律面前人人平等"思想的体现。它将外国人与本国人都同化为国民,使前者在其选择保护的国家享有与该国国民同等的权利。每一合格主体不仅在其本国享有知识产权,而且在任何一个公约成员国也享有相应的权利。①对于这一基本原则,中国自然予以承认境外知识产权权利人的合法权益。例如,《中国—韩国自由贸易协定》第15.2条规定:"为第二款之目的,就相关权利而言,一缔约方国民应当包括满足本协定第15.3条规定的保护资格之标准的该缔约方的任何自然人或法人。"《中国—澳大利亚自由贸易协定》第11章第2条第2款规定:"一方国民,就相关权利而言,包括该方符合《与贸易有关的知识产权协

---

① 吴汉东:《知识产权总论》(第三版),中国人民大学出版社2013年版,第42页。

定》第1.3条所列协定规定的保护标准的实体。"而TRIPS协定规定,"国民"一词,对于WTO的单独关税区成员,指在该关税区内定居或拥有真实有效的工业或商业机构的自然人或法人。但与境内知识产权权利人不同的是,在实施方式上有一定的限制,即境外知识产权权利人必须通过其在境内设立的办事机构提出申请,或者委托中国境内代理人提出保护申请,而不能由其本人直接向海关提出申请。[①]

二、知识产权海关保护的客体

关于知识产权的客体,学术界并未达成完全一致的看法。知识产权的客体与对象是不同的范畴。有人提出,知识产权是保护"知识活动"的权利,或者说是保护"过程的"而非保护"(知识活动)结果的"权利。[②] 如果知识产权客体是一种过程而非结果,保护就会是空中楼阁。因此,知识产权客体是指基于对知识产权的对象的控制、利用和支配行为而产生的利益关系或社会关系,知识产权的对象就是知识本身。[③] 知识产权的客体与专有权往往是分离的,对它们的保护要困难得多。[④]《知识产权海关保护条例》第2条规定:"本条例所称知识产权海关保护,是指海关对与进出口货物有关并受中华人民共和国法律、行政法规保护的商标专用权、著作权和与著作权有关的权利、专利权(以下统称知识产权)实施的保护。"从该条规定中可以看出,中国知识产权海关保护的客体是两个限定条件下的权利。第一,这种权利必须与进出口货物相关联;第二,权利存在的法律依

---

①　具体参见《条例实施办法》第2条。

②　徐瑄:《知识产权的正当性——论知识产权法中的对价与衡平》,载《中国社会科学》2003年第4期。

③　刘春田主编:《知识产权法》,高等教育出版社2000年版,第4页。

④　郑成思:《信息、知识产权与中国知识产权战略若干问题》,载《环球法律评论》2006年第3期。

据是根据中国法律、行政法规授予。就本条而言,中国知识产权海关保护客体主要包括国家工商行政管理总局商标局核准注册的商标以及在 WIPO 注册并延伸到中国的国际注册商标,国家知识产权局授予专利权的发明、实用新型、外观设计专利,《伯尔尼公约》成员国的公民或者组织拥有的著作权和与著作权有关的权利。值得一提的是,并不是所有类型的商标均属于中国海关保护的知识产权客体范畴。根据《商标注册用商品和服务分类尼斯协定》,第 1—34 类属于商品商标,第 35—42 类属于服务商标,只有前者接受中国海关保护。

《奥林匹克标志保护条例》第 2 条和第 12 条规定,海关对包括奥林匹克五环图案标志、奥林匹克旗、奥林匹克格言及奥林匹克徽记等在内的奥林匹克标志予以保护。《世界博览会标志保护条例》第 2 条和第 12 条也规定了海关对包括中国 2010 年上海世界博览会申办机构的名称、徽记或者其他标志在内的标志提供保护。所以,奥林匹克标志和世界博览会标志的专有权也是客体范畴。新增这两类客体的保护是中国政府在申办北京奥运会与上海世博会时作出的庄严承诺。中国海关自 2002 年起就开始实施了对奥林匹克标志的保护。在 2008 年,中国各口岸海关继续加大执法力度,对侵犯奥林匹克标志专有权的违法行为予以严厉查处。截至北京奥运会结束,海关总署共为北京奥组委办理了 130 多项奥林匹克标志专有权的海关保护备案;中国海关累计查获进出口侵犯奥林匹克标志专有权货物近 300 批,案值近 300 万元人民币。2014 年巴西世界杯期间,海关总署在当年 4—7 月部署开展了"保护 2014 年世界杯足球赛知识产权的专项执法行动(绿茵行动)"。行动期间,中国海关共查扣侵权足球、服装、鞋帽等货物 1500 多批,涉及商品 150 多万件。[①] 中国海关查获侵犯世界博览会标志专有权货物的案件被列为 2010 年知识产权海

① 蔡岩红:《严防体育赛事侵权产品蹭热度　海关总署备案体育用品商标权逾千项》,载《法制日报》2019 年 4 月 26 日。

关保护十佳案例。①

　　在这些客体中,专利权引起的争议最大。有些专利权人感到困惑,为什么自己的专利权已经在海关总署备案了,但却不像商标权和著作权一样,海关从没有主动发现有侵犯其专利权的货物进出口。这主要是由于专利权尤其是实用新型专利权与发明专利权表现在商品的外在特征并不明显。一方面,海关关员凭肉眼观察等直观方式很难发现有关货物是否实施了实用新型或发明专利;另一方面,由于认定货物是否存在专利侵权事实专业性强、技术难度大,海关在货物进出境口岸难以具备这种认定能力。即使海关扣留了侵权嫌疑货物,也将难以对侵权事实给予认定。在大多数情形下,权利人依然需要将侵权纠纷提交人民法院处理,寻求司法救济。② 中国国家知识产权局在对于实用新型和外观设计专利进行审查时,仅进行形式审查而不进行实质性审查,因此,海关承受着巨大的压力。如果要进行实质性审查,海关将要承担起等同于专利主管部门的职责,要让海关以专业眼光去审查专利保护证书、权利说明书等专业材料来判断专利是否侵权,这不仅不现实也与海关法所规定的海关职能不相符。如果仅仅进行形式审查,由于中国《专利法》对实用新型专利和外观设计专利的申请和审批程序不进行"新颖性、创造性及实用性"的实质性审查,它们的权利基础

---

　　① 该案件情况如下:2010 年 4 月 23 日,中山某进出口有限公司以一般贸易方式向拱北海关隶属中山海关驻神湾办事处申报进口"沉静洋甘菊茶/茶包、芙香草莓果茶/茶包"2400 盒,申报货值 7896 美元(折合人民币 53901. 29 元)。海关关员在对该票货物进行单证审核时发现在该批货物的台湾供货商所提供的发票中有"EXPO"、"世博花茶礼盒"字样,遂决定对该票货物实施彻底查验。海关经查验发现,该票货物外包装茶和玻璃瓶身标签印有"中国 2010 年上海世界博览会"字样及会徽、口号,涉嫌侵犯上海世博会事务协调局在海关总署备案的世界博览会标志专有权。2010 年 4 月 29 日,上海世博会事务协调局向海关确认该批货物侵犯其在海关总署备案的世界博览会标志专有权。参见海关总署政法司:《2010 年知识产权海关保护十佳案例》,载《中国海关》2011 年第 6 期。

　　② 贾小宁、周艳:《知识产权海关保护》,中国海关出版社 2005 年版,第 65 页。

并不稳固,经常存在重复授权或被宣告无效的情况,也容易出现被部分权利人滥用的情况。

海关曾经遇到过这类典型案例,如关于保护有关滑板车实用新型的专利。在这一案例中,专利权人在获得实用新型专利权后,向多个口岸海关申请扣留了大量的竞争对手出口的滑板车,并利用这一时间差占领了国际市场,取得了十分可观的利润,而向海关交纳保证金时,则利用国内外的差价,只需提供相当于货物离岸价格的担保金。后权利人向海关申请保护的专利权已经被国家知识产权局专利复审委员会予以撤销,但对相关收发货人造成的损害难以计算。① 因此,专利权的不稳定性影响了海关边境执法的信心,但面对权利人不断继续提交的边境保护申请,海关是否受理申请将处于两难的境地。②

中国海关在进出境环节主要依靠检查进出境货物表面状况的方式来实现对知识产权的保护,这对于专利权而言是勉为其难的。有人指出,就贸易便利化与知识产权海关保护的关系而言,恐怕最大的困境在中国海关从 1994 年实施对知识产权保护起,就纳入了专利保护。为此,中国海关与中国专利局联合颁布了《关于实施专利权海关保护若干问题的规定》。由于自 2000 年以来,专利有效性的最终行政裁定可以由北京市第一中级人民法院进行司法审查,专利侵权则由各地中级人民法院审理,因此该规定已经失效。但是,海关对嫌疑专利侵权的案件处理,如何通过司法程序解决,仍然是一个值得探讨的问题。假定嫌疑专利侵权涉及专利本身是否有效,海关应根据《知识产权海关保护条例》第 21 条,请求国家知识产权局协助认定。

---

① 贾小宁、周艳:《谈〈知识产权海关保护条例〉修订的部分内容》,载《知识产权》2004 年第 1 期。

② 朱秋沅:《我国专利权边境保护的现存问题及其制度重构——兼论自贸区专利权边境保护问题》,载《上海对外经贸大学学报》2014 年第 3 期。

一旦国家知识产权局对知识产权作出认定,该最终行政决定就可能接受司法审查。假定嫌疑专利侵权仅涉及被控侵权货物是否构成侵权,《知识产权海关保护条例》未明确规定究竟是由海关自行认定,还是由管辖权的有关中级人民法院审理认定。该条例第19条规定:"涉嫌侵犯专利权货物的收货人或者发货人认为其进出口货物未侵犯专利权的,可以在向海关提供货物等值的担保金后,请求海关放行其货物。知识产权权利人未能在合理期限内向人民法院起诉的,海关应当退还担保金。"据此,似乎只有在被申请人对申请人的海关保护提出异议,并提供反担保之后,申请人向人民法院起诉,案件才进入司法程序,对于当事人而言,这种涉及海关、国家知识产权局和法院的多重程序恐怕不会是一种贸易便利化的做法。[①]

此外,《中国—瑞士自由贸易协定》第11.16条与《中国—韩国自由贸易协定》第15.26条对客体范围进行了拓展,前者增加了工业品外观设计,后者拓展了植物多样性、已注册的外观设计、地理标志等,但在文字表述上,分别使用了"能够根据国内法律法规"与"根据缔约方海关措施适用的法律法规"的限定条件,也就是说,如果中国法律法规不作出具体的修改,这些增加的知识产权类型仍然不属于中国知识产权海关保护客体。

三、知识产权海关保护的环节

从最早的1994年7月5日发布的《国务院关于进一步加强海关知识产权保护工作的决定》到随后一系列政府规范性文件中都规定中国知识产权海关保护环节包括进口与出口,《海关法》、《知识产权海关保护条例》、《条例实施办法》等海关法律法规对此均予以确认。对于中国在货物出口环节也提供知识产权海关保护的问题,一直存

---

① 张乃根:《国际贸易相关知识产权法》,上海人民出版社2016年版,第190—191页。

在着不同的声音。

反对的观点认为,中国海关对出口商品进行知识产权保护的做法,在立法上缺乏实践积累,并且未有顾及中国经济和科技发展的现实,有"超世界水平"之嫌,海关应取消对知识产权的出口保护。其理由如下:第一,海关对出口商品进行知识产权保护的做法高于TRIPS 协定的要求,且与多数国家的做法不同,将知识产权保护范围限定在进口,这既可以提高行政效率,也符合 TRIPS 协定的要求;第二,发展中国家的产业结构仍处于较低层次,对知识产权的要求不高;第三,发展中国家在总体技术水平落后的格局下,技术创新主要关注近期发展目标;第四,鉴于发展中国家在技术上的落后状态,知识产权保护宜松不宜紧。①

赞同的观点认为,海关对出口环节货物采取知识产权保护是中国经济文化发展和对外交往的内在需要。第一,一个健康有序的经济秩序是建立社会主义市场经济体制所必需的,当国内大张旗鼓地进行整顿市场经济秩序时,任由大量的侵权货物出口至境外,破坏国家和中国产品的形象,是难以想象的,这将要付出相当的代价,这种损失是很难挽回的。第二,如果中国海关放弃对出口货物知识产权的保护,并不代表着进口国的海关将放弃对进口侵权货物的监管,而这只能导致其他国家加大对中国出口的产品的监管,这样不仅侵权货物不能畅通无阻地进入消费国,而且其他中国产品也会面临在进口国通关的障碍。目前,有相当一部分国家的海关给予查获侵权货物进口的情况,已对中国出口的货物予以重点监管,这不仅影响中国产品的声誉,也增加通关费用和交易成本,降低了竞争力。第三,任由假冒产品出口也会给部分国家对中国制造的商品实施贸易障碍以口实。第四,从长远看,中国在相当一段时期内,应该还是技术引进

---

① 徐明华、包海波等:《知识产权强国之路——国际知识产权战略研究》,知识产权出版社 2003 年版,第 28—39 页。

国和国外品牌的加工国。如果从已经建立起的知识产权保护模式后退,似乎得不偿失。①

此外还有观点认为,是否实施出口环节保护,暂且刨除政治因素,仅就法理和实践考量,中国实施出口环节知识产权边境保护有其必要性,但必须对现有制度进行矫正,弱化海关的保护力度,使其对本国产业的冲击降到最低限度。② 我们认为,这些观点都有一定的道理,如果从法理的角度,即中国加入的 TRIPS 协定所规定的"最低保护标准",中国在出口环节实施知识产权海关保护是超标准的自我加压,不仅不违反协定的国际义务,相反还充分体现出中国政府在知识产权边境保护上的努力。据当前最新统计数据,2017 年中国海关按照被扣留货物数量标准,两者之间的悬殊更为明显,出口环节是 40409743 件,占比 98.7%;进口环节是 532951件,占比只有微不足道的 1.3%。③ 如果我们将时间再拉长到2008—2017 年,正如表 1 所列,海关查获侵权货物出口比例从来没有低于 98%,充分说明了海关在出口环节提供知识产权边境保护的必要性。

表 1　2008—2017 年海关查获侵权货物进出口情况统计表

年份	进口		出口	
	商品数量(件)	比例(%)	商品数量(件)	比例(%)
2008	233117	0.04	644949820	99.96
2009	103558	0.10	279955242	99.90

---

① 贾小宁、周艳:《谈〈知识产权海关保护条例〉修订的部分内容》,载《知识产权》2004 年第 1 期。

② 王殊:《中国知识产权边境保护》,中国政法大学出版社 2011 年版,第 11 页。

③ 国家知识产权局:《中国知识产权统计年报 2017》,知识产权出版社 2018 年版,第125 页。

续表

年份	进口		出口	
	商品数量（件）	比例（%）	商品数量（件）	比例（%）
2010	192516	0.14	133407053	99.86
2011	408258	0.40	102803009	99.60
2012	211487	0.23	92905848	99.77
2013	452648	0.60	75492946	99.40
2014	439933	0.48	91525615	99.52
2015	330416	0.47	69442709	99.53
2016	441421	1.05	41616795	98.95
2017	532951	1.30	40409743	98.70

数据来源：根据国家知识产权局《中国知识产权统计年报》整理。

除出口环节的争议外，中国在一些自由贸易协定中出现了新的变化。《中国—秘鲁自由贸易协定》第147条第4款明确规定："各缔约方应当规定允许主管机关依职权启动边境措施，而不需要来自某人或者某知识产权权利人的正式控诉。上述措施应在有理由相信或者怀疑正在进口、出口或者转运的货物系假冒商标或者盗版时采用。"这意味着"转运"成为进口与出口之外的第三个保护环节。而《中国—韩国自由贸易协定》第15.26条第1款规定："各缔约方应当根据国内法规定，采取程序使有正当理由怀疑在一个自由贸易区进口、出口、转运、存放及在保税仓库存放侵犯知识产权货物的行为有可能发生的权利人，能够向行政或司法主管机关提出书面申请，要求海关中止放行此类货物进入自由流通或者扣留此类货物。"第2款规定："各缔约方应当根据国内法预先规定，在进口、出口、转运以及进入包括自由贸易区在内的保税区环节，如提供足够的信息（例如涉嫌侵权的进口商或出口商、涉嫌侵权的货物的识别方法），权利人可以请求海关保护其权利。"考虑到该协定的生效之时，中国已经批准设立了上海、广东、天津及福建4个自由贸易试验区，现在又在湖北、海南、山东等地区设立自由贸易试验区，因此，该协定明确知识产权海关保护的环节不仅包括"转运"环节，还新增保税仓库、保税区以及自由贸易区。与前述知识产权海关保护客体相类似，这两个条款的规定看似在进口与出口环节基础上大大推进一步，但都设定了"有理由相信或者怀疑"与"根据国内法规定"的前置性条件，将实践中的操作性交由主管机关掌握或根据现行国内法规定，而主管机关与国内法在当前情势下显然根本不会利用条款赋予它们的自由裁量权。

第三节　中国知识产权海关保护程序的梳理

一、程序发动前的知识产权备案

中国知识产权海关保护的程序不同于一般的民事权利保护程序，它掺杂着私权与公权互相交织的复杂因素，因而呈现出一些独特的程序规则设计，知识产权海关备案制度就是其中的代表。它是指知识产权权利人，将其知识产权的法律状况、有关货物的情况、知识产权合法使用情况和侵权货物进出口情况以书面形式通知海关总署，以便海关在对进出口货物的监管过程中能够主动对有关知识产权实施保护。《知识产权海关保护条例》第7条规定："知识产权权利人可以依照本条例的规定，将其知识产权向海关总署申请备案"。"可以"二字意味着备案与否是知识产权权利人一种自由选择的权利，既可以向海关申请备案，也可以不申请备案。

知识产权权利人向海关总署申请知识产权海关保护备案的，应当提交申请书①,并随附相关文件与证据②,海关总署应当自收到全部申请文件之日起30个工作日内作出是否准予备案的决定,并书面通知申请人。如果申请文件不齐全或者无效的;或者申请人不是知识产权权利人的;或者知识产权不再受法律、行政法规保护的,海关总署将不予备案。③ 知识产权海关保护备案自海关总署核准备案之日起生效,有效期为10年。自备案生效之日起知识产权的有效期不足10年的,备案的有效期以知识产权的有效期为准。④ 在知识产权

---

① 《条例实施办法》第6条规定,申请书应当包括以下内容:(1)知识产权权利人的名称或者姓名、注册地或者国籍、通信地址、联系人姓名、电话和传真号码、电子邮箱地址等。(2)注册商标的名称、核定使用商品的类别和商品名称、商标图形、注册有效期、注册商标的转让、变更、续展情况等;作品的名称、创作完成的时间、作品的类别、作品图片、作品转让、变更情况等;专利权的名称、类型、申请日期、专利权转让、变更情况等。(3)被许可人的名称、许可使用商品、许可期限等。(4)知识产权权利人合法行使知识产权的货物的名称、产地、进出境地海关、进出口商、主要特征、价格等。(5)已知的侵犯知识产权货物的制造商、进出口商、进出境地海关、主要特征、价格等。知识产权权利人应当就其申请备案的每一项知识产权单独提交一份申请书。知识产权权利人申请国际注册商标备案的,应当就其申请的每一类商品单独提交一份申请书。

② 《条例实施办法》第7条规定,相关文件与证据具体包括:(1)知识产权权利人个人身份证件的复印件、工商营业执照的复印件或者其他注册登记文件的复印件。(2)国务院工商行政管理部门商标局签发的《商标注册证》的复印件。申请人经核准变更商标注册事项、续展商标注册、转让注册商标或者申请国际注册商标备案的,还应当提交国务院工商行政管理部门商标局出具的有关商标注册的证明;著作权登记部门签发的著作权自愿登记证明的复印件和经著作权登记部门认证的作品照片。申请人未进行著作权自愿登记的,提交可以证明申请人为著作权人的作品样品以及其他有关著作权的证据;国务院专利行政部门签发的专利证书的复印件。专利授权自公告之日起超过1年的,还应当提交国务院专利行政部门在申请人提出备案申请前6个月内出具的专利登记簿副本;申请实用新型专利或者外观设计专利备案的,还应当提交由国务院专利行政部门作出的专利权评价报告。(3)知识产权权利人许可他人使用注册商标、作品或者实施专利,签订许可合同的,提供许可合同的复印件;未签订许可合同的,提交有关被许可人、许可范围和许可期间等情况的书面说明。(4)知识产权权利人合法行使知识产权的货物及其包装的照片。(5)已知的侵权货物进出口的证据。知识产权权利人与他人之间的侵权纠纷已经人民法院或者知识产权主管部门处理的,还应当提交有关法律文书的复印件。(6)海关总署认为需要提交的其他文件或者证据。知识产权权利人根据前款规定向海关总署提交的文件和证据应当齐全、真实和有效。有关文件和证据为外文的,应当另附中文译本。海关总署认为必要时,可以要求知识产权权利人提交有关文件或者证据的公证、认证文书。

③ 参见《知识产权海关保护条例》第8条。

④ 参见《条例实施办法》第9条。

海关保护备案有效期届满前 6 个月内,知识产权权利人可以向海关总署提出续展备案的书面申请并随附有关文件。海关总署应当自收到全部续展申请文件之日起 10 个工作日内作出是否准予续展的决定,并书面通知知识产权权利人;不予续展的,应当说明理由。续展备案的有效期自上一届备案有效期满次日起算,有效期为 10 年。知识产权的有效期自上一届备案有效期满次日起不足 10 年的,续展备案的有效期以知识产权的有效期为准。①

　　知识产权备案情况发生改变的,知识产权权利人应当自发生改变之日起 30 个工作日内,向海关总署提出变更知识产权海关保护备案的申请并随附有关文件,具体包括知识产权权利人的名称;注册商标核定使用商品;许可使用注册商标、作品或者实施专利的情况;知识产权权利人的通信地址、联系人、联系电话等以及法律规定的其他情况。海关发现知识产权权利人申请知识产权备案未如实提供有关情况或者文件的,海关总署可以撤销其备案。② 海关总署撤销备案的,知识产权权利人自知识产权备案被撤销之日起 1 年内就被撤销备案的知识产权再次申请备案的,海关总署可以不予受理。③ 知识产权在备案有效期届满前不再受法律、行政法规保护或者备案的知识产权发生转让的,原知识产权权利人应当自备案的知识产权不再受法律、行政法规保护或者转让生效之日起 30 个工作日内向海关总署提出注销知识产权海关保护备案的申请并随附有关文件。知识产权权利人在备案有效期内放弃备案的,可以向海关总署申请注销备案。海关总署可以主动或者根据有关利害关系人的申请注销有关知识产权的备案。海关总署注销备案,应当书面通知有关知识产权权

---

① 参见《条例实施办法》第 10 条。
② 参见《知识产权海关保护条例》第 9 条。
③ 参见《条例实施办法》第 13 条。

利人。备案自海关总署注销之日起失效。①

知识产权权利人向海关总署申请备案的,申请人应当为每件备案申请缴纳备案费人民币800元。申请人应当通过银行将备案费转入海关总署的备案费专用账户。海关总署不接受申请人通过邮局汇款或以现金、支票等其他形式缴纳备案费。申请人应当在向海关总署提交备案申请前预先缴纳备案费,并在备案申请书中随附备案费银行转账单的复印件。对未随附银行转账单复印件的备案申请,海关总署不予受理。海关总署准予知识产权海关保护备案的,应当向申请人出具备案费收据;海关总署不予备案的,应当向申请人退还备案费。申请人在备案有效期内申请备案续展或变更的,不再缴纳备案费。申请人在备案失效后再次申请备案的,应当重新缴纳备案费。知识产权海关保护备案被海关总署依法注销、撤销或者因其他原因失效的,申请人已缴纳的备案费不予退还。② 根据财政部、国家发展改革委《关于取消和暂停征收一批行政事业性收费有关问题的通知》(财税〔2015〕102号),自2015年11月1日(含本日)起向海关总署申请知识产权保护备案的,海关总署暂停收取备案费。③

二、知识产权海关保护程序的发动

知识产权海关保护程序的发动有两种模式,一种是权利人主动申请,一种是海关依职权发动。前者是指当知识产权权利人发现涉嫌侵权货物后,直接向货物进出境地海关提出扣留侵权嫌疑货物的申请而启动海关被动保护程序的保护模式。它并不要求知识产权权利人必须进行事先备案,也就是说,即便是已经备案的知识产权权利人仍然可以利用该程序发起保护程序。后者是指海关在对进出口货

---

① 参见《条例实施办法》第12条。
② 参见海关总署2004年第15号关于收取知识产权海关保护备案费的公告。
③ 参见海关总署2015年第51号公告。

物实施监管的过程中,发现进出口货物涉嫌侵犯已经备案的知识产权的,应当立即书面通知知识产权权利人。权利人自通知送达之日起规定时限内提出保护申请而启动的海关主动保护程序模式。表面上看,两种模式的区别在于是否事先进行了知识产权海关备案,但实际上都需要知识产权权利人提出申请,只不过申请的时间节点不同,一个是权利人主动发起,一个是权利人接到海关通知后发起,程序的最终决定权还是掌握在知识产权权利人手中,这也是知识产权私权本质属性的一个重要体现。

从立法的本意来说,两种模式在适用上不分主次,但在实践中展现给我们的是另一种情景,海关依职权保护模式占据了绝对的优势。在 2017 年,海关依职权扣留货物 19149 批次,占比 99.78%,而依申请扣留货物只有区区占比 0.21%。从被扣留货物数量角度看,差距要小一些,但也非常明显。依职权扣留货物 40756136 件,占比99.54%。① 表 2 表明 2008—2017 年间,海关依职权查扣侵权嫌疑货物的比例在批次与商品数量两个指标上几乎处于压倒性态势。有人指出,这是因为海关在边境保护中处于较为有利、方便的地位,使得采用依职权保护模式的可能性高于依申请的保护模式。依申请的保护模式对权利人维权的成本与能力要求较高。② 两种模式实践中的巨大差异让人不禁要问,依申请保护模式的意义何在? 如果是仅仅为了给权利人多一种保护知识产权的途径的话,也必须要考量到制度实施本身也是有成本的,是需要对付出与收益进行权衡的。这种严重背离立法者原意的具体实践需要我们认真思考解决的办法。

---

① 国家知识产权局:《中国知识产权统计年报 2017》,知识产权出版社 2018 年版,第 127 页。

② 朱秋沅:《知识产权边境保护制度原理与实案》,复旦大学出版社 2013 年版,第177—178 页。

表2　2008—2017年海关依职权查扣侵权嫌疑货物情况统计表

年份	依职权方式			
	批次	比例(%)	商品数量(件/双)	比例(%)
2008	1072	9.60	638880460	99.00
2009	1342	2.04	271825399	97.06
2010	1599	7.59	123830799	92.69
2011	18053	99.00	97585009	95.00
2012	15646	99.72	88532362	95.08
2013	20426	99.80	75454723	93.30
2014	23817	99.82	90331038	98.22
2015	23192	99.71	45558879	65.30
2016	17433	99.70	38557809	91.68
2017	19149	99.78	40756136	99.54

数据来源:根据国家知识产权局《中国知识产权统计年报》整理。

三、担保与反担保的适用

《知识产权海关保护条例》对知识产权权利人可提供用作担保的财产或者权利以及担保方式并未作出限定,但考虑到海关执法的特点,需要在较短的时间内作出具体行政行为,同时又要保证知识产权权利人提交的担保能够有效地承担其相应的责任,所以,《条例实施办法》明确知识产权权利人可以采取的担保方式包括担保金、银行或者非银行金融机构担保函。对于担保的金额,被动保护模式中的知识产权权利人应当向海关提供货物等值的担保,用于赔偿可能因申请不当给收货人、发货人造成的损失,以及支付货物由海关扣留后的仓储、保管和处置等费用。知识产权权利人直接向仓储商支付仓储、保管费用的,从担保金中扣除。① 如果采取主动保护模式,知识产权权利人请求海关扣留侵权嫌疑货物的,应当向海关提供相应的担保,具体而言,货物价值不足人民币2万元的,提供相当于货物

---

① 参见《知识产权海关保护条例》第25条。

价值的担保;货物价值为人民币 2 万至 20 万元的,提供相当于货物价值 50%的担保,但担保金额不得少于人民币 2 万元;货物价值超过人民币 20 万元的,提供人民币 10 万元的担保。① 此外,在海关总署备案的商标专用权的知识产权权利人,经海关总署核准可以向海关总署提交银行或者非银行金融机构出具的保函,为其向海关申请商标专用权海关保护措施提供总担保。总担保的担保金额应当相当于知识产权权利人上一年度向海关申请扣留侵权嫌疑货物后发生的仓储、保管和处置等费用之和;知识产权权利人上一年度未向海关申请扣留侵权嫌疑货物或者仓储、保管和处置等费用不足人民币 20 万元的,总担保的担保金额为人民币 20 万元。②

涉嫌侵犯专利权货物的收发货人可以在向海关提供货物等值的担保金后请求海关放行其货物,这种担保即为反担保。对于涉嫌侵犯商标专用权、著作权、奥林匹克标志专用权、世界博览会标志专用权的货物不适用反担保制度。在被动保护模式中,收发货人认为其进出口货物未侵犯有关专利权的,应自海关扣留货物之日起 20 个工作日内向海关提出放行货物的书面申请和相当于货物价值的担保金。在主动保护模式下,海关不能认定货物是否侵犯有关专利权的,收发货人向海关提供相当于货物价值的担保后,可以请求海关放行货物。

四、海关的调查与认定

在主动保护模式中,当海关接到知识产权权利人提交的扣留侵权嫌疑货物的申请书与担保后,予以扣留,并自扣留之日起的 30 个工作日内对被扣留的侵权嫌疑货物是否侵权进行调查、认定。调查的结果有三种,分别是"认定侵权"、"认定不侵权"及"不能认定"。"认定侵权"意味着海关将没收被扣留的侵权嫌疑货物,并将侵权货物的有关

---

① 参见《条例实施办法》第 23 条。
② 参见《条例实施办法》第 24 条。

情况书面通知知识产权权利人。"认定不侵权",海关将放行被扣留的侵权嫌疑货物,并将调查结果书面告知知识产权权利人。"不能认定"是指海关难以在调查期限内确定被扣留货物侵权是否成立,为减少双方当事人的损失,海关将停止调查,并将不能认定货物是否侵权的结果书面告知知识产权权利人。如果权利人仍然认为被扣留货物侵犯了其专有权,应当自海关扣留货物之日起 50 个工作日内寻求司法救济,即向人民法院申请诉前财产保全裁定或诉前责令停止侵权行为裁定,海关在规定的时间内收到人民法院协助执行通知书后,被扣留货物将由法院予以保全;如果没有收到通知书,海关将放行货物。

五、对涉嫌侵权货物的处理

在被动保护模式中,海关自依法扣留侵权嫌疑货物之日起 20 个工作日内未收到人民法院协助执行通知的;或者在主动保护模式中,海关自依法扣留侵权嫌疑货物之日起 50 个工作日内未收到人民法院协助执行通知,并且经调查不能认定被扣留的侵权嫌疑货物侵犯知识产权的;或者涉嫌侵犯专利权货物的收货人或者发货人在向海关提供与货物等值的担保金后,请求海关放行其货物的;或者海关认为收货人或者发货人有充分的证据证明其货物未侵犯知识产权权利人的知识产权的,海关将放行被扣留的侵权嫌疑货物。

被扣留的侵权嫌疑货物,经海关调查后认定侵犯知识产权的,由海关予以没收。对个人携带或者邮寄进出境的物品,超出自用、合理的数量并涉嫌侵权的,海关应予以扣留,但旅客或者收寄件人向海关声明放弃并经海关同意的除外。进出境旅客或者进出境邮件的收寄件人认为海关扣留的物品未侵犯有关知识产权或者属于自用的,可以向海关书面说明有关情况并提供相关证据。[①] 对没收的侵权货

---

① 参见《条例实施办法》第 31 条。

物,如果可以直接用于社会公益事业或者知识产权权利人有收购意愿的,将货物转交给有关公益机构用于社会公益事业或者有偿转让给知识产权权利人,否则在消除侵权特征后依法拍卖。拍卖货物所得款项上缴国库。如果均不可行,则应当予以销毁。海关拍卖侵权货物,应当事先征求有关知识产权权利人的意见。海关销毁侵权货物,知识产权权利人应当提供必要的协助。有关公益机构将海关没收的侵权货物用于社会公益事业以及知识产权权利人接受海关委托销毁侵权货物的,海关应当进行必要的监督。

第二章 知识产权边境保护体制的新探索:《反假冒贸易协定》

第一节 《反假冒贸易协定》产生的动力分析

知识产权国际保护制度的建立以《巴黎公约》与《伯尔尼公约》为标志,可分为巴黎联盟和伯尔尼联盟时期、世界知识产权组织时期和世界贸易组织时期。[①] 它是一个"从双边安排到多边国际条约的形成过程"。[②] 从体制的视角,知识产权国际保护制度建立后,国际社会先后出现了以 WIPO、WTO 为代表的多边体制、以双边自由贸易协定为代表的双边体制以及以美国"特别 301 条款"为代表的单边体制三种主要类型。它们都包括知识产权边境保护制度,并分别对应着知识产权边境措施的"最低保护标准"、"双边协商标准"以及"单边强制标准"。因此,知识产权边境保护存在着"多边"、"双边"以及"单边"三种体制。

一、多边体制下"最低保护标准"陷入僵局

知识产权边境保护的多边体制主要由 WIPO 与 WTO 两个国际组织所主导。目前,WIPO 管理着包括《建立世界知识产权组织公

---

① 吴汉东:《知识产权总论》(第三版),中国人民大学出版社 2013 年版,第 330—334 页。

② 古祖雪:《国际知识产权法》,法律出版社 2002 年版,第 27 页。

约》在内的 26 部国际知识产权条约。[①] 这些公约中很多缺少知识产权边境措施的内容,即便是有所规定,也不具有多少可操作性,虽然有些公约确立了知识产权边境保护的最低限度保护原则,不过要求的起点较低,加之世界各国政治、经济、文化发展背景存在较大差异,不同国家对知识产权的保护范围、保护水平、保护期限、保护措施和程序以及权利限制等的规定也有很大差别。[②] 发达国家对通过WIPO 来提升知识产权边境措施执法标准的努力逐渐丧失了信心,产生了对知识产权重新进行全球治理的想法,将制定国际知识产权规则的重心转向了 WTO。这个最富戏剧性的变化就与知识产权执法密切相关,主要反映了经济合作与发展组织(Organization for Economic Co-operation and Development,OECD)内部产业集团的看法,既然 WIPO 管理的各公约规定的制度不能充分迫使缔约方实施并执行知识产权保护,TRIPS 协定因此引入了国内法必须遵守的最低标准,这些最低标准并不局限于实体方面,还延及和包括程序方面的标准与义务。[③]

最初,美国等发达国家将目标聚焦在假冒货物上。从 1979 年东京回合提出《阻止进口假冒货物的措施协定》到 1982 年的《阻止进口假冒货物的协定草案》再到 1987 年乌拉圭回合谈判工作组报告,具体内容都是围绕进口假冒货物来展开,这主要是考虑到假冒货物的交易损害到合法贸易商的权利,欺骗了消费者,有必要采取合作以阻止假冒货物的国际交易,并不能对合法贸易的自由流通构成障碍。这些协定的文本几乎都是有关进口假冒货物海关执法的规定,只是

---

① https://www.wipo.int/treaties/zh/,2019 年 8 月 18 日访问。

② 吴汉东、郭寿康主编:《知识产权制度国际化问题研究》,北京大学出版社 2010 年版,第 76 页。

③ [美]弗雷德里克·M.阿伯特、[瑞士]托马斯·科蒂尔、[澳]弗朗西斯·高锐:《世界经济一体化进程中的国际知识产权法》(下册),王清译,商务印书馆 2014 年版,第1009 页。

美国私人利益集团并不满足于此,而是不断扩大保护范围、执法形式,寻求更广泛的知识产权法典。① 经过艰难的谈判与利益博弈后,各方达成了 TRIPS 协定,这是知识产权领域内多边水平层次上有史以来最为全面与深远的法律制度,是 20 世纪国际知识产权法最为重要的发展。② TRIPS 协定第三部分第四节"与边境措施相关的特殊要求"从知识产权执法措施的角度规定了知识产权边境保护制度,并确立执法措施的"最低保护标准",被视为 TRIPS 协定执法实施中最具希望性的条款。③ 从这个意义上说,TRIPS 协定是一部最低标准法,它没有采取承认知识产权的直接法律结构,也不是由成员方直接引进国内的示范法,而是确定最低标准的法律。④

然而,TRIPS 协定在知识产权边境措施问题上取得进展并不能掩盖两个主要问题:第一,一揽子协议立法模式,没有解决利益失衡问题。发达国家和发展中国家借助一揽子协议立法模式获取了一种各取所需、交换利益的场所与机会。发展中国家因为知识产权保护标准提高而导致进口知识产权的利益损失,可以被 WTO 其他协定获取的利益所弥补。但在 WTO 协商中,拥有较大市场份额的国家享有对决策的重要影响的发达国家占据绝对主导地位,那些市场份额较小的国家只是决策接受者。第二,TRIPS 协定实体规则明显偏袒知识产权大国,发展中国家实施协定有许多困难。2002 年,总部设在英国的知识产权委员会对协定不考虑不同国家经济环境和发展水平的差异而一概要求所有缔约方采用相同的知识产权保护标准提出

① 廖丽:《国际知识产权新趋势——TRIPS-Plus 知识产权执法研究》,中国社会科学出版社 2015 年版,第 16 页。

② Donald Harris,"TRIPS after Fifteen Years:Success or Failure,as Measure by Compulsory Licensing",*Journal of Intellectual Property Law*,Spring 2011,p.45.

③ J. H. Reichman,"Enforcing the Enforcement Procedures of the TRIPS",*Virginia Journal of International Law*,Vol.37,1997,p.343.

④ 孔祥俊:《WTO 知识产权协定及其国内适用》,法律出版社 2002 年版,第 7 页。

尖锐批评。"适合于发达国家的知识产权保护标准可能给发展中国家带来的成本大大超过可能获得的利益,因为这些国家严重依赖含有其他国家知识产权的技术,知识产品来满足自身基本需求和发展需要。"①2003 年 2 月,联合国发展项目发布报告,断言对于大部分发展中国家来说,TRIPS 协定的适当性是高度令人怀疑的,并要求发展中国家就用替代性的知识产权范式取代 TRIPS 协定开始对话,在过渡期内修改 TRIPS 协定被解释和执行的方法。②

　　与此同时,时代的进步以及飞速发展的科技使得 TRIPS 协定对于层出不穷的知识产权新问题感到力不从心。知识经济的发展和数字网络的兴起使得知识产权制度的先天缺陷有充分暴露的危险。专利申请积压、专利授权期延长、专利质量较低、专利诉讼爆炸、专利灌木丛、专利竞赛、公共健康等问题已经使得专利制度在某些技术领域或者产业部门举步维艰。便利而质量精良的数字复制彻底打破了著作权制度中原有的权利保护与限制之间的平衡,著作权制度面临着革命性变革的命运。网络的出现创造了一个虚拟空间,商标的网络传播与使用加剧了商标的能指漂浮现象,商标法已经摆脱了传统的经济环境,彻底不合理地扩展了其效力范围,商标权泛化为符号权的危险已经迫在眉睫。③ 互联网技术的迅猛发展,在互联网环节下对数字元作品的复制已经呈现出普遍化的趋势。数字元作品权利人对其作品的控制力以及禁止他人复制其作品的能力由于技术方面的原因已极大地减弱。④ 有人就指责,TRIPS 协定就未能很好地解决由

---

　　① 吴汉东:《国际变革大势与中国发展大局中的知识产权制度》,载《法学研究》2009 年第 2 期。

　　② 吴汉东、郭寿康主编:《知识产权制度国际化问题研究》,北京大学出版社 2010 年版,第 11 页。

　　③ 王太平:《知识产权制度的未来》,载张玉敏主编:《西南知识产权评论》(第四辑),知识产权出版社 2014 年版,第 34—35 页。

　　④ 曹新明:《关于权利弱化与利益分享理论之研究——一种新的知识产权理论范式》,载张玉敏主编:《西南知识产权评论》(第二辑),知识产权出版社 2012 年版,第 10 页。

于新技术的出现而造成的知识产权侵权行为,也无法为遏制数字媒体中不断扩散的盗版现象提供有效的办法。① 有人甚至提出,互联网的出现可能意味着国家边界的重要性在版权与其他知识产权法的发展、运用中的衰落。② 版权在此种情况下将会逐渐丧失其作为一种禁止或排除他人使用其作品的权利的锐利。③

WIPO 与 WTO 是管理国际知识产权制度的主要组织,但它们并不具备在多边层面对知识产权规范的一种共同垄断,或者双头垄断。相当多的其他多边组织扮演着一种管理者的角色。④ WCO 便是一个典型代表。它在国际知识产权界名不见经传,实际上也不具备谈判知识产权立法的授权,却被知识产权强国用来作为后门谋求突破,通过协定海关规则,扩大海关的管理权限,重新界定海关和其他利益相关者之间的界限。WCO 认为,2005 年 7 月 G8 峰会的声明敦促国际上的反假冒和盗版联合行动,通过政治推动,授权 WCO 加大制定知识产权实施立法的力度。为了回应"八国集团"(Group of Eight)的关注并加强反假冒和盗版的全球资源,WCO 发起制定了《海关统一知识产权执法的临时标准》。对比 TRIPS 协定,《海关统一知识产权执法的临时标准》在主题、范围和保护措施、处置方法和成员国权利义务等方面均大大背离了 TRIPS 协定的条款规定。尽管它是建立在自愿实施的基础之上,但这只是发达国家的惯用伎俩,即以自愿

---

① Shayerah Ilias, "The Proposed Anti-Counterfeiting Trade Agreement: Background and Key Issues", *Congressional Research Service Reports*, July 19, 2012, p.14.

② [美]弗雷德里克·M.阿伯特、[瑞士]托马斯·科蒂尔、[澳]弗朗西斯·高锐:《世界经济一体化进程中的国际知识产权法》(下册),王清译,商务印书馆 2014 年版,第665 页。

③ Daniel J. Gervais, "The Internationalization of Intellectual Property: New Challenges from the Very Old and the Very New", *Fordham Intellectual Property, Media & Enterainment Law Journal*, Spring 2002.

④ [美]弗雷德里克·M.阿伯特、[瑞士]托马斯·科蒂尔、[澳]弗朗西斯·高锐:《世界经济一体化进程中的国际知识产权法》(上册),王清译,商务印书馆 2014 年版,第46—47 页。

实施新标准突破薄弱环节,然后通过多边、双边或区域谈判把它们变成强制性的标准。[①]

另外,WIPO 与 WTO 的决策机制在很大程度上限制了知识产权强国在框架内提升边境保护标准的可能性。WIPO 常常是先设立一个专家委员会对这样的规则或协议的可能性予以分析并提出建议。随后是规则草拟阶段,各成员国和观察家定期开会,提出建议,审查进站,秘书处主要负责草拟工作。如果协商相当成功,WIPO 会召开外交会议来考虑拟议协议的批准。[②] 在 TRIPS 协定出现后,WIPO 深感大权旁落的危机。为了维护自己的地位和权威,WIPO 一方面迅速与 TRIPS 协定联系起来,另一方面把工作重点转移到"发展"知识产权国际保护的标准和规则上面。为了向美国及其知识产权产业集团证明自己仍然主导着知识产权国际保护事务,WIPO 明显加快了制定新的标准和规则的速度,并拓宽了涉及的范围和广度。[③] 1996年 WIPO 便通过《世界知识产权组织版权条约》(World Intellectual Property Organization Copyright Treaty, WCT) 与《世界知识产权组织表演和录音制品条约》(World Intellectual Property Organization Performances and Phonograms Treaty, WPPT) 来弥补 TRIPS 协定在互联网知识产权保护问题上的盲区。

在香港部长级会议之前的一段时间里,WIPO 大会于 2004 年 10月 4 日通过决议,以进一步检验最初由巴西和阿根廷所提出的"发展议程"提案,以将发展问题系统地整合到 WIPO 的所有工作中。在这

---

① 李轩:《世界海关组织〈海关统一知识产权执法的临时标准〉(SECURE):对这项严重超 TRIPS 标准的知识产权实施动议的法律和经济评估》,载李轩、卡洛斯·M.柯莱亚编著:《知识产权实施:国际视角》,李轩、张征等译,知识产权出版社 2012 年版,第 49—58 页。

② [美]弗雷德里克·M.阿伯特、[瑞士]托马斯·科蒂尔、[澳]弗朗西斯·高锐:《世界经济一体化进程中的国际知识产权法》(上册),王清译,商务印书馆 2014 年版,第 31 页。

③ 薛虹:《发展中国家的崛起与知识产权国际保护的新趋势》,载国家知识产权战略制定工作领导小组办公室编:《挑战与应对:国家知识产权战略论文集》,知识产权出版社2007 年版,第 166—167 页。

次大会之前,上百个非营利组织、科学家、学者以及其他个人签署了《世界知识产权组织未来日内瓦宣言》,以表示对"发展议程"的支持。该议程旨在把一种经验加入到 WIPO 的政策中去,即将知识产权用于国家发展的工具,而非仅仅用作保护权利所有人的利益。WIPO 设置最高的知识产权的保护标准的尝试,是以牺牲最不发达国家和发展中国家为代价的。① 2007 年 10 月,WIPO 第 43 届成员国大会通过 WIPO 发展议程,包括 45 项建议,涵盖了所有工作领域,意图从发展层面加强和提高 WIPO 的活动,并成立永久性的发展与知识产权委员会,负责监督、评估、讨论 WIPO 与报告所有建议的落实情况以及委员会商定的其他与知识产权和发展有关的问题。WIPO 越来越多地成为发展中国家和最不发达国家表明立场的阵地,将知识产权和发展问题相联系,本身就是为了解决由于知识的"产权化"而导致的各国之间发展不平衡的加剧。② 这更加剧了知识产权强国的失望情绪。它们在 WIPO 框架下提出《实体专利法条约(草案)》(Substantive Patent Treaty,SPLT),以确保在 TRIPS 协定基础上提高知识产权国际保护标准,遭到许多发展中国家以"发展议程"为由表示拒绝。③ 发展中国家表示如果发展议程不能取得进展,就拒绝讨论 SPLT,迫使发达国家作出让步。

WTO 分别在 2001 年与 2003 年通过《关于 TRIPS 协议和公共健康的多哈宣言》与《关于 TRIPS 协议和公共健康的多哈宣言第六段的执行决议》,发展中国家在有关 TRIPS 协定实施过程中取得了南

---

① 安臣·坎普曼·桑德斯:《知识产权法和政策与经济发展——以中国为特定研究对象》,何天翔译,载何天翔、谢晴川主编:《中国知识产权法:中国特色知识产权新探索》,中国大百科全书出版社 2018 年版,第 300—301 页。
② 毛金生等:《国际知识产权执法新动态研究》,知识产权出版社 2013 年版,第 27 页。
③ Susan K. Sell,"TRIPS was Never Enough:Vertical Forum Shifting,FTAS,ACTA and TPP",*Journal of Intellectual Property Law*,Spring 2011,p.447.

北博弈的上风。美国、欧盟等发达国家在国际舆论中处于道义的下风,在 WTO 框架内提出新议题,试图提高知识产权国际保护标准、打破最低保护标准限制的努力因发展中国家的集体反对不断受挫。例如,美国在 1999 年西雅图部长级会议上,提出允许非违法之诉、禁止权利国际用尽、延长专利药品数据保护期等要求,在 2005 年和 2006 年间,又多次提出将知识产权执法最佳模式谈判议题纳入 WTO 新一轮知识产权谈判。欧盟则提出建立强制性的地理标志多边注册体系、扩大边境措施的适用范围。WTO 与 WIPO 多边体制下严格的条约修正程序也制约着发达国家知识产权行动日程的推进。[①] WCO 的《海关统一知识产权执法的临时标准》由于发展中成员的有效协调与反对,发达成员没有能够在其主导的政策委员会中强行通过,而被 WCO 理事会退回继续研究讨论。

二、双边体制下"双边协商标准"呈现碎片化

针对知识产权边境保护多边体制下"最低保护标准"陷入僵局的状况,知识产权强国便试图借助于双边谈判协商的方式——主要是通过在双边自由贸易协定中增加包括知识产权边境措施条款的办法来提高保护标准。这种办法并不是一个新事物。知识产权条款第一次出现在双边自由贸易协定中可以向上追溯到 19 世纪 50 年代的《友好通商航海条约》(Friendship Commerce and Navigation Agreements,FCN)。[②] 在那之后,各国经常在双边与区域自由贸易协定中规定有知识产权条款,这对于知识产权国际保护制度起到了促进和推动作用,成为知识产权多边保护制度的基石,但在 19 世纪 80 年代

---

① 杨静:《自由贸易协定知识产权条款研究》,法律出版社 2013 年版,第48—49 页。

② Bryan Mercurio,"TRIPS-Plus Provisions in FTAs:Recent Trends",Lorand Bartels & Federico Ortino(eds.),*Regional Trade Agreements and the WTO Legal System*,Oxford:Oxford University Press,2006,p.217.

一系列知识产权国际公约通过之后,这种制度安排由于被认为是贸易中的非关税壁垒而逐渐退出各类贸易协定的谈判,直到20世纪后半叶又重新被引入。TRIPS协定生效后,各种双边、区域自由贸易协定在全世界范围内兴起,知识产权内容在其中居于突出地位,属于必备条款,其动因主要是通过议题挂钩和议题交换实现各方利益、克服TRIPS协定制度安排的局限性、促进投资和技术转让、国内政策考虑以及加强知识产权协作等五个方面因素。① 小范围的贸易协定正越来越成为发达国家解决知识产权执法问题的重要途径。② 下面便以美国与日本为例作一阐述。

美国在1947年前主要是在双边基础上处理与其他国家的贸易关系,在必要的时候,每次与一个贸易伙伴谈判达成单独的贸易协议。随后,美国认识到,双边谈判机制速度太慢,无法充分应对第二次世界大战之后世界上普遍存在的经济问题,便开始转向以关贸总协定为代表的多边贸易谈判,然而许多美国国会议员的看法后来又发生转变,认为关贸总协定规则向其他缔约方过于倾斜,对这些规则的履行违反的比遵守的还多,美国又越来越转而通过双边谈判来消除贸易壁垒和解决争端。③ 截止到2019年8月底,美国总共与20个国家签订了自由贸易协定。④ 它已从全球双边自由贸易协定的旁观

---

① 杨静:《自由贸易协定知识产权条款研究》,法律出版社2013年版,第16—18页。

② 杨鸿:《〈反假冒贸易协定〉的知识产权执法规则研究》,载《法商研究》2011年第6期。

③ [美]布鲁斯·E.克拉伯:《美国对外贸易法和海关法》,蒋兆康等译,法律出版社2000年版,第171—172页。

④ 按照协定生效时间的先后顺序,它们分别是以色列(1985年8月19日)、加拿大(1994年1月1日)、墨西哥(1994年1月1日)、约旦(2001年12月17日)、新加坡(2004年1月1日)、智利(2004年1月1日)、澳大利亚(2005年1月1日)、摩洛哥(2006年1月1日)、巴林(2006年1月11日)、中美洲六国(多米尼加、萨尔瓦多、尼加拉瓜、洪都拉斯、厄瓜多尔、哥斯达尼加)(2006年3月1日)、阿曼(2009年1月1日)、秘鲁(2009年2月1日)、巴拿马(2011年10月21日)、韩国(2012年3月15日)以及哥伦比亚(2012年5月15日)。资料来源:https://ustr.gov/trade-agreements/free-trade-agreements,2019年7月18日访问。

者变为主要的推动和参与者。①

在这些双边自由贸易协定中,除与以色列、约旦外,其他均将知识产权单列为一个章节予以规定。《美国—以色列自由贸易协定》仅在第 14 条中规定,缔约方重申在双边和多边协定项下的义务及国民待遇和最惠国待遇原则。考虑到它是所有自由贸易协定中最早生效的特定因素,规定简单一点也能够理解。《美国—约旦自由贸易协定》虽然也仅是单列一条,但规定了总则、商标与地理标志、版权与相关权利、专利、特别管制产品的措施、知识产权执法、过渡期等内容,总共 29 个条款。剩余的 18 个自由贸易协定,不仅均将知识产权内容单独列为一个章节,还具体规定了知识产权执法中边境措施的内容。② 这些条款许多内容已经明显超出 TRIPS 协定的最低保护标准。例如,TRIPS 协定第 51 条规定,"各成员还可以制定关于海关中止放行自其领土出口的侵权货物的相应程序"。据此,《美国—巴林自由贸易协定》第 14.10 条第 20 款、《美国—澳大利亚自由贸易协定》第 17.11 条第 19 款规定,"各方应当规定中止放行货物的申请应自申请之日起不少于一年时间内或货物受到版权保护或相关商标注册期间内仍然有效,以时间较短者为准"③。显然,TRIPS 协定规定是一个相对宽松的框架,而美国在此基础上明确了具体期限,是一个限制性条件。又如,澳大利亚版权法中保护技术措施的规则原本与

---

① 蔡宏波:《双边自由贸易协定的理论重构与实证研究》,中国经济出版社 2011 年版,第 39 页。

② 例如,《美国—智利自由贸易协定》第 17.11 条"知识产权执法"第 17—21 款"与边境措施有关的特殊要求"、《美国—澳大利亚自由贸易协定》第 17.11 条"知识产权执法"第 19—25 款"与边境措施有关的特殊要求"、《美国—巴林自由贸易协定》第 14.10 条"知识产权执法"第 20—25 款"与边境措施有关的特殊要求"、《美国—哥伦比亚自由贸易协定》第 16.11 条"知识产权执法"第 20—25 款"与边境措施有关的特殊要求"等。

③ Each Party shall provide that the application to suspend the release of goods shall remain in force for a period of not less than one year from the date of application or the period that the good is protected by copyright or the relevant trademark is registered, whichever is shorter.

美国《版权法》有很大的不同,澳大利亚所保护的技术措施仅限于"版权保护措施",并不保护"接触控制措施",但美国与澳大利亚进行双边自由贸易协定谈判时,澳大利亚被迫接受了按照美国的立法例修改本国立法的要求,此后澳大利亚在修订《版权法》时将"接触控制措施"纳入保护的范围,使得保护技术措施的规则与美国基本一致。[1] 考虑到美国和众多国家签署了诸多包括了 TRIPS-Plus 属性的自由贸易协定,ACTA 实际上是美国在保护知识产权方面的自然延伸。[2]

日本从 2002 年以来签订的 13 个经济伙伴关系协定(Economic Partnership Agreement, EPA)中都包含知识产权条款,内容根据贸易伙伴的不同情况有较大差异。《日本—新加坡 EPA》(2002 年)、《日本—墨西哥 EPA》(2004 年)以及《日本—东盟 CEPA》(2008 年)将知识产权定位为合作领域,内容非常简单,主要涉及知识产权合作事宜和专利申请程序的便利。《日本—文莱 EPA》(2007 年)也仅有一个条款规定知识产权保护内容。除此之外,其余的经济伙伴关系协定均单独设立知识产权章节,并规定了知识产权保护的实体规则。内容最为详尽的《日本—马来西亚 EPA》、《日本—菲律宾 EPA》、《日本—泰国 EPA》、《日本—瑞士 EPA》、《日本—秘鲁 EPA》均包含部分超出 TRIPS 协定标准的规定。例如,在植物保护方面,《日本—菲律宾 EPA》要求努力提高植物的保护范围,与马来西亚和泰国签订的 EPA 则更进一步,要求在尽可能短的时间内对尽可能多的植物种属提供足够的保护。而《日本—印尼 EPA》则明确要求按照国际植物新品种保护联盟标准保护所有植物种属。在知识产权执法方面,要求对故意的商业规模的侵犯专利权、实用新型、工业设计和布图设计行为均采取刑事制裁措施。这一规定要比美国自由贸易协定

---

① 王迁:《将知识产权法纳入民法典的思考》,载《知识产权》2015 年第 10 期。
② 张磊等:《〈反假冒贸易协议〉研究》,载《河北法学》2013 年第 11 期。

还要严格。① 但是,即使近期或当前刚刚缔结的 EPA 中,也存在没有边境保护条款的情况。这并不是说日本不重视缔约对方的边境保护的水平,只是为了服务于日本的 EPA 发展目标与国际贸易发展战略,边境保护标准可以作为一个妥协、退让的条件。例如,2011 年 8 月 1 日生效的《日本—印度 EPA》的第九章"知识产权"中共有 8 个条款,其中没有边境保护的专项规定,但是作为替代性措施,其中有"知识产权行政程序事项流程化"的条款。②

由此可见,美国及日本等知识产权强国近些年来在其签署的自由贸易协定中已经将知识产权边境措施条款作为一个常规章节写入,这些条款往往都设定了高出 TRIPS 协定"最低保护标准"的要求,这也是它们对于在 TRIPS 协定框架内无法提升知识产权边境保护标准的回应和推动自由贸易协定的一个重要动力。因为很多国家并不赞成在 TRIPS 协定理事会上对知识产权执法问题进行讨论,它们才不得不在 WTO 之外进行谈判。③ 当发展中国家在多边谈判中显示出积极姿态时,发达国家将很难随心所欲地利用多边谈判机制并畅所欲言,但在双边谈判上就可以。双边谈判所达成的成果原则上可以适用于其他国家,其他国家付出辛劳就可以享受恩惠,这是双边方法受到欢迎的原因。④

双边体制下边境措施"双边协商标准"不可避免地也带来了许多问题,碎片化是最突出的一个弊端。它在形式上表现为自由贸易协定中知识产权条款采纳的方式上各自不一,有人对此归纳为三种

---

① 杨静:《自由贸易协定知识产权条款研究》,法律出版社 2013 年版,第 28—33 页。

② 朱秋沅:《知识产权边境保护制度国际化与本土化研究》,知识产权出版社 2014 年版,第 203 页。

③ 袁真富等:《〈反假冒贸易协定〉的主要特点及其现实影响》,载《电子知识产权》2011 年第 8 期。

④ 〔日〕田村善之编:《日本现代知识产权法理论》,李杨等译,法律出版社 2010 年版,第 322—323 页。

情形:(1)针对 TRIPS 协定未涉及的问题作出规定;(2)针对 TRIPS 协定已有的规定,设定更高的义务标准;(3)针对 TRIPS 协定允许选择的条款,取消灵活性将其转为单一强制性义务。[1] 而在知识产权边境措施条款内容上,各个国家都想注入自身个性化的利益诉求,即便是美国、日本等知识产权强国在知识产权边境措施中也有保护范围、保护环节、实施程序、信息披露以及救济措施等很多关键问题上的立场差异,更不用说情况较为复杂的发展中国家,这就造成了各种自由贸易协定中边境措施上的标准犬牙交错,互相很难协调,整体效果也不佳。同时,双边体制意味着需要与一个国家又一个国家去谈判协商,付出的时间成本与耗费的精力纵然是美国这样的知识产权强国也不能够任性承受。从这个意义上说,双边体制下边境措施的"双边协商标准"只可能是那些具有较强实力国家的专利品。

三、单边体制下"单边强制标准"缺乏正当性

知识产权边境保护的单边体制主要是指知识产权国家利用本国法律法规对外输出知识产权执法措施标准的制度。这方面以美国为先锋,表现最为明显。鉴于知识产权对于美国经济的重要性及其因假冒与盗版货物对商业、健康与安全潜在的负面后果,美国将知识产权的国际保护与执法作为其贸易政策的主要组成部分。它是世界上第一个以国家立法的形式将知识产权与贸易制裁和市场竞争相联系的国家,又率先建立了由司法部和专利商标局牵头,联邦调查局、海关和其他政府有关部门参加的部际协调机构以及专门的国际贸易委员会。[2] 美国善于将知识产权保护与国际贸易相互紧密结合,"特别301 条款"与"337 条款"将保护美国知识产权的承诺作为给予其他

---

[1]　杨鸿:《〈反假冒贸易协定〉的知识产权执法规则研究》,载《法商研究》2011 年第 6 期。

[2]　郭民生、郭铮:《"知识产权优势"理论探析》,载《知识产权》2006 年第 2 期。

国家最惠国待遇的前提条件,对不保护或者保护不充分的国家采取贸易制裁措施。这是美国以贸易为基础保护知识产权方法的国内法起源。[1] 美国在逐步建立高标准的知识产权边境保护制度国内法的基础上,通过惩罚性和优惠性的单边措施,逼迫或利诱其他国家以其国内法或相关国际法为蓝本,建立并严格执行知识产权边境保护规则。它还以国力与市场为后盾,定期对其他国家知识产权保护状况进行单边评审,这一措施会产生三个方面的有利效果:第一,促进其他国家的国内边境机构的严格执法,甚至会在压力或优惠下进行针对美国市场的知识产权边境保护专项执法行动;第二,促进其他国家的国内边境保护制度的建立与修订;第三,迫使其他国家与美国进行知识产权边境保护的双边谈判。[2]

美国贸易法"301 条款"的内容,源自《1962 年贸易扩展法》,随后经过《1974 年贸易改革法》、《1979 年贸易协定法》、《1984 年贸易与关税法》以及《1988 年综合贸易与竞争法》多次修订,成为《1988 年综合贸易与竞争法》第 1301—1310 节"实施美国依贸易协定所享有的权利和回应外国政府的某些贸易做法"的全部内容,包括"一般 301"、"特别 301"与"超级 301"三个部分。其中,"特别 301 条款"是专门针对那些美国认为对知识产权保护不力的国家及地区的单边保护条款。美国贸易谈判代表办公室每年发布"特别 301 评估报告",全面评价与美国有贸易关系的国家的知识产权保护情况,并视其存在问题的程度,分别列入"重点国家"、"重点观察国家"、"一般观察国家"以及"306 条款监督国家"。"306 条款"的监督制度是建立在美国《1974 年贸易法》第 306 条的基础上,授权美国政府在监督贸易伙伴国家执行知识产权

---

① Susan K. Sell, *Private Power, Public Law: The Globalization of Intellectual Property Rights*, Cambridge : Cambridge University Press, 2003, p.75.

② 朱秋沅:《知识产权边境保护制度国际化与本土化研究》,知识产权出版社 2014 年版,第 68 页。

协议时,如果发现其没有令人满意地执行协议中的条款,则可以将其列入"306 条款监督国家"。一旦被列为该等级,美国即可不经过调查和谈判自行发动包括贸易制裁在内的贸易报复措施。1997 年起,"特别 301 报告"开始设立"306 条款监督国家。"

美国国会日益关心美国的知识产权在国外缺乏保护及其在经济上给美国带来不利后果的问题。在《1988 年贸易法》中,国会表达了这一信念:对知识产权的适当保护对于美国工业的竞争力是至关重要的。国会认为"301 条款"缺乏对付这类不公平做法的规定,从而增加了一项新的内容。现在,美国贸易谈判代表被要求对知识产权保护的情况发起调查,确定那些否定对知识产权进行适当、有效保护的国家,以及否定对依赖于知识产权保护提供公平、平等的市场准入的国家。至于那些"重点"国家,他们的政策最为糟糕,或者他们的做法对美国工业的负面影响最大。在确定重点国家时,美国贸易谈判代表应该与美国的知识产权保护组织磋商。如果发起调查对美国的经济利益有害,就不必发起调查,但应向国会汇报作出这一决定的理由何在。①

实践中,"301 条款"的运用相当顺利。在调查结束前,多数国家都满足了美国的要求。例如,中美贸易的知识产权保护谈判及其结果,是美方根据其国内法发起有关调查和双边磋商带来的。② 在1991—1995 年间,美国曾先后四次利用该条款对中国施加压力,举行有关知识产权的双边谈判,最终在制裁报复的情况下双方达成协定,迫使中国知识产权保护水平按照美国的建议不断提升。美国有时候还利用其他形式单边推行知识产权标准。例如,2009 年 11 月15 日,中国科技部、国家发展改革委、财政部联合发布《关于开展2009 年国家自主创新产品认定工作的通知》和《2009 年度国家自主创新产品申报说明》,明确在特定的 6 个领域内,政府应该优先采购

① 杨国华:《美国贸易法"301 条款"研究》,法律出版社 1998 年版,第 54 页。
② 张乃根:《国际贸易相关知识产权法》,上海人民出版社 2016 年版,第 132 页。

经过认定的自主创新产品。由于跨国公司的知识产权通常是由母公司首先在国外取得,并通过带有限制条款的许可协议将知识产权交给其在中国的外商投资企业使用,因此,外商投资企业可能会因为无法满足其中的知识产权条件而被排除在中国政府的采购市场之外。这便深深触动了以美国为首的一些跨国公司的利益。从利益集团游说,到美国商会发布自主创新报告,到美国国际贸易委员会启动"332调查",再到第22届商贸联合委员会,美国通过看似没有联系的一个个环节终于让中国作出了高于WTO义务的承诺。当然,中国也在商贸联委会上取得了自己的成果,其中最重要的包括加强在高技术贸易重点领域的合作,尤其是美国放宽对华高科技产品出口的限制并考虑认可中国的市场经济地位。①

从理论上看,单边制裁的威胁,在解决某些贸易争议方面是很有价值的。制裁的可能性,促使外国遵守其国际义务,对双方的经济发展都有好处。它还能够打消双方利用含糊不清的义务概念投机取巧的念头,遏制在国际条约约束范围之外的某些方面日益增长的保护主义浪潮,敦促发展中国家使其高度限制的贸易政策自由化。因此,"301条款"是美国贸易法中少有的成功规定之一。② 然而,美国在世界范围内强行推行知识产权高标准的行为,属于知识产权全球化中的强权主义。按照国际法一般原则,国际事物应属各国平等协商的事项,然而在TRIPS协定和ACTA谈判中,美国并非诉诸平等的协商,而是先依照自己的意志提出规则,并与其他发达国家先达成协议的框架,然后通过"由上而下"的规则制作模式,促使发展中国家接受,并在必要时运用贸易措施迫使其接受。这显然背离了国际法基本原则,也将损及知识产权国际保护制度的法理基础,并不利于国际

---

① 毛金生等:《国际知识产权执法新动态研究》,知识产权出版社2013年版,第25页。

② 杨国华:《美国贸易法"301条款"研究》,法律出版社1998年版,第78—79页。

社会的可持续发展。①

因此,知识产权边境保护的单边体制适用的范围极为有限,客观上它只能适用于综合国力较强的国家与实力较弱的国家之间。有人形象地指出,尽管各国政府在日内瓦和其他任何地方的国际组织均同意采用并维持知识产权保护的各项标准,执法最终却是在国内(以及当地)法院和行政机构内部来进行的。对许多(或者大多数)国家而言,知识产权执法涉及向位于国外的公司支付净使用费(即资金外流)。在此情况下,除其他方面之外,一个国家是否能够劝说另一个国家"实际"执行知识产权规则取决于它在政治与经济方面的相对实力。例如,美国可能发现,它劝说哥斯达黎加执行知识产权比劝说中国容易。② 由于美国与其自由贸易协定伙伴在政治和经济方面的实际影响力上的严重不平衡,美国之外的国家会发现,违反这种义务会令它们麻烦缠身。美国经济很大程度上只依赖于少数几个外国,美国可以承受与几乎所有其他国家政治和经济关系紧张的压力。对于许多小国和发展中国家的经济来说,被拒绝进入美国市场将会导致非常严重的不利后果。③

第二节 《反假冒贸易协定》的缔结与生效

一、协定的谈判

一般认为,ACTA 谈判的动议是由日本建议提及。④ 2002 年 2

---

① 刘银良:《美国域外知识产权扩张中的论坛选择政策研究:历史、策略与哲学》,载张玉敏主编:《西南知识产权评论》(第四辑),知识产权出版社 2014 年版,第 267 页。

② [美]弗雷德里克·M. 阿伯特、[瑞士]托马斯·科蒂尔、[澳]弗朗西斯·高锐:《世界经济一体化进程中的国际知识产权法》(下册),王清译,商务印书馆 2014 年版,第 1009 页。

③ [美]弗雷德里克·M. 阿伯特、[瑞士]托马斯·科蒂尔、[澳]弗朗西斯·高锐:《世界经济一体化进程中的国际知识产权法》(上册),王清译,商务印书馆 2014 年版,第 145 页。

④ Kenneth L. Port, "A Case Against the ACTA", *Cardozo Law Review*, 2012, p.1158.

月,时任日本首相小泉纯一郎进行了划时代的施政方针演说,提出日本把研究活动和创造活动的成果作为知识产权,给予战略性的保护和活用,把强化日本产业的国际竞争力作为国家的目标。这是作为日本首相从明治时代以来第一次的"知识产权立国宣言"。① 2005年7月,在英国苏格兰召开的"八国集团首脑会议"上,日本正式提出建立一个新的国际执法机制以严厉打击假冒与盗版行为,会后发表的声明指出,"通过更有效的执法,减少知识产权的盗版与假冒"。2006年,又通过"打击知识产权盗版及假冒声明",宣布了一项综合的知识产权执法战略,主要目标为:关注假冒货物和盗版产品交易,促进各国执法部门和海关官员之间的合作;在知识产权侵权受害人与执法机关之间建立联系;加强发展中国家打击假冒盗版货物的能力建设;进一步研究假冒盗版对国家经济、品牌、权利所有人和公共健康安全的经济影响;让里昂—罗马打击犯罪与恐怖主义小组承担相关的执法工作(包括网络盗版)。② 但在美国看来,是它与日本在2006年联合发起 ACTA,并在2006—2007年间,与加拿大、欧盟、日本、瑞士等一些利益相关国举行了有关初步磋商。③

　　美国贸易谈判代表(U.S.Trade Representative, USTR)负责 ACTA谈判事务,它是美国总统办公厅(Executive Office of the President, EOP)内的内阁级机构,履行在国际层面领导美国贸易协定谈判的职责。USTR 通过与商务部、司法部、国务院及财政部之间的跨部门协作打造美国贸易政策,也可以向贸易咨询团体、重要的国会委员会、各类私营部门、非政府以及国内社会利益相关方进行咨询。2007年10月23日,美国贸易谈判代表苏珊·施瓦布(Susan C.Schwab)正式

---

　　① [日]荒井寿光:《知识产权革命》,夏雨译,知识产权出版社2017年版,第8—9页。

　　② 杨国华:《中美知识产权问题概观》,知识产权出版社2008年版,第20页。

　　③ Shayerah Ilias, "The Proposed Anti-Counterfeiting Trade Agreement: Background and Key Issues", *Congressional Research Service Reports*, July 19,2012, p.3.

宣布,美国将与一些志趣相投(like-minded)的核心贸易国家展开谈判,制定一个反假冒贸易国际协定。欧盟贸易委员指出,新的协定将加强全球合作,建立新的国际规范,帮助制定新的全球知识产权执法的黄金标准(gold standard)。① 我们在这里讨论谈判由谁发起的意义并不在于确定究竟是日本还是美国,而是明确一点,谈判自设想开始就是由知识产权强国推动,并从正式谈判开始,美国就始终占据着主导的地位。

2008年3月,参与磋商的国家举行ACTA预备会议,确定大纲主要包括初始条款和定义、知识产权执法、国际合作、执法实践、制度安排以及最后条款总共6个部分,其中"知识产权执法"一章涵盖了国内执法、边境措施、犯罪执法以及网络4个内容。ACTA正式谈判的"车轮"于2008年6月启动,参与谈判的国家包括澳大利亚、加拿大、韩国、墨西哥、摩洛哥、新西兰与新加坡等。约旦与阿联酋参加了首轮回合谈判,但退出了后续谈判。ACTA前后总共举行了11轮谈判,最后一轮谈判于2010年9月底在日本举行,谈判方在解决了几乎所有重要问题后,完成了一份统一的拟议协定的文本,也就可以提交给各自国家待进一步审核批准(ad referendum)。经过文本翻译、法律审查等技术性工作之后,谈判方于2011年4月15日正式对外公布了英文、法文以及西班牙文三种语言的ACTA最终版本。至此,ACTA的整个谈判过程宣告结束。

表3   ACTA正式谈判回合一览表

回合	时间	谈判地点	谈判主要议题
1	2008年6月3—4日	瑞士日内瓦	边境措施

---

① European Commission Seeks Mandate to Negotiate Major New International Anti-counterfeiting Pact, IP/07/1573, Brussels, October 23, 2007, 2019年8月14日, 见 https://europa.eu/rapid/press-release_IP-07-1573_en.htm.

续表

回合	时间	谈判地点	谈判主要议题
2	2008 年 7 月 29—31 日	美国华盛顿	侵权的民事救济、边境措施
3	2008 年 10 月 8—9 日	日本东京	刑事执法、协定的范围
4	2008 年 12 月 15—18 日	法国巴黎	国际合作、执法实践、机构问题、透明度
5	2009 年 7 月 16—17 日	摩洛哥拉巴特	国际合作、执法实践、机构问题、透明度
6	2009 年 11 月 4—6 日	韩国首尔	数字环境执法、刑事执法、透明度
7	2010 年 1 月 26—29 日	墨西哥瓜达拉哈拉	民事执法、边境措施、互联网条款、透明度
8	2010 年 4 月 12—16 日	新西兰惠灵顿	民事执法、边境措施、刑事执法、数字环境特别措施、知识产权的范围
9	2010 年 6 月 28 日至 7 月 1 日	瑞士卢塞恩	内部条款、一般目标、民事执法、边境措施、刑事执法、数字环境中执法措施、国际合作、机构安排
10	2010 年 8 月 16—20 日	美国华盛顿	所有章节安排的深入讨论
11	2010 年 9 月 23 日至 10 月 2 日	日本东京	所有重要事项的最终安排

二、协定的签署

从国际条约法原理看,"签署"在条约法上可以具有三种不同的意义:(1)只是认证条约的约文;(2)除认证条约的约文外,并意含签署人所代表的国家已确定同意缔结该条约,受其拘束;(3)认证条约的约文,并意含签署人所代表的国家已初步同意缔结该条约,但尚须经过批准,才受其拘束。在一个特定场合,"签署"在这三种意义中究竟具有哪一意义,须从具体情况推知当事国的意思来定。[①] ACTA 于 2011 年 3 月 31 日至 2013 年 3 月 31 日正式对参加

---

① 李浩培:《条约法概论》,法律出版社 2003 年版,第 63 页。

谈判方①开放签署。日本作为 ACTA 保管机关,于 2011 年 10 月 1 日在东京召开了 ACTA 签字仪式。澳大利亚、加拿大、日本、韩国、摩洛哥、新西兰、新加坡与美国等 8 个国家在 ACTA 最终文本上签字。欧盟及其 27 个②成员国、墨西哥与瑞士的代表确认将继续支持 ACTA 并尽最大努力为签署协定做好准备。所有参与谈判的代表信心满满地表示,将紧密协作,推动协定早日生效。2012 年 1 月 25 日,欧盟及其 22 个成员国签署 ACTA,德国、爱沙尼亚、荷兰、斯洛伐克及塞浦路斯等 5 个国家并未签署。同年 7 月 11 日,墨西哥签署协定。

显然,ACTA 的签署属于前述第三种意义。虽然签署只是国家同意承受条约拘束的初步表示,而不是最终确定的表示,就签署国家而言,没有经过它批准的条约不能对它产生拘束力,该国也不承担任何条约义务,但这并不意味着签署国可以无视条约的规定而任意行事。既然签署国已经初步同意承受条约拘束,则说明该国有促使实现条约的目的和宗旨的愿望,根据善意原则(principle of good faith),签署国就有义务不采取任何行动以破坏条约的目的和宗旨,否则即为权利的滥用。③ 颇有特色的是,ACTA 第 39 条后半段规定,"谈判参加方可以协商一致的方式同意本协定对其他 WTO 成员方开放签署",也就是说,非谈判方如果同时满足 WTO 成员方与获得谈判方一致同意的条件下也可以与谈判方一样在规定期间内签署协定。由于在文本生效条款中并未区分谈判方签署国与非谈判方签署国,意

① 它们包括澳大利亚、奥地利、比利时、保加利亚、加拿大、塞浦路斯、捷克、丹麦、爱沙尼亚、欧盟、芬兰、法国、德国、希腊、匈牙利、爱尔兰、意大利、日本、韩国、拉脱维亚、立陶宛、卢森堡、马耳他、墨西哥、摩洛哥、荷兰、新西兰、波兰、葡萄牙、罗马尼亚、新加坡、斯洛伐克、斯洛文尼亚、西班牙、瑞典、瑞士、英国、美国。

② 克罗地亚于 2013 年 7 月 1 日正式加入欧盟成为第 28 个成员国,但在当时欧盟成员国仍为 27 个。

③ 万鄂湘等:《国际条约法》,武汉大学出版社 1998 年版,第 49 页。

味着 ACTA 第 39 条后半段的规定是期待能够扩大 ACTA 签署国的范围,对于加快协定生效的进程有一定的帮助,但同时设定的双重条件,WTO 成员方表示该非谈判方已经接受"TRIPS 协定"对于知识产权边境措施的最低保护标准,而谈判方一致同意实质上说明了需要得到主导 ACTA 谈判的发达国家的认可,这充分反映了美国、欧盟及日本等在对待未参与 ACTA 谈判国家签署问题上一种患得患失的态度。

三、协定的批准

国际条约法中的"批准"包括国内与国际两种程序。前者通常是指一国的议会依据该国宪法对条约认可的程序,后者则是指条约经过议会依据宪法认可后,该国的行政权力机构对缔约他方表示该国确定同意缔结该条约,因而受该条约拘束的程序。在国际法上,批准是指国际意义上的批准,即一国的行政权力机构对缔约他方确定同意缔约的表示。至于所谓国内的批准,严格说来,不能称为批准,而只是议会认可该条约并授权行政部门进行批准的行为。① 这种观点有失偏颇。我们不能简单地断言国内批准是形式意义的,虽然有些国家的情况确实如此,但并不是所有国家均是如此。即使不需要通过任何立法和宪法程序,国家可能需要时间考虑该条约的影响。一个参加了甚至是积极参加了条约谈判的国家并不必然意味它对该条约事项或最终协定的约文具有热情。批准程序所规定的考虑空间允许有反思的时间。②

美国不仅需要议会批准,很多情况下还需要议会制定相关实施法。国会以立法批准自由贸易协定,这种立法也在认为适当的范围

① 李浩培:《条约法概论》,法律出版社 2003 年版,第 65—66 页。
② ［英］安托尼·奥斯特:《现代条约法与实践》,江国青译,中国人民大学出版社 2005 年版,第 81 页。

内在国内法中实施这些协议。在其制定的实施法律中,国会还明确否认过自由贸易协定的即刻生效效力。《美国—多米尼加—中美洲自由贸易协定实施法》第102条是否认即刻生效效力的典型规定。①ACTA主要涉及外国商务与知识产权两个问题。根据美国宪法第1条第8款的规定,国会有权规定与外国之间的贸易以及保障著作家与发明家对其著作和发明在限定期间内享有专利权以促进科学与实用技艺的进步。宪法授权国会制定为执行各项权利及依据宪法授予政府或政府任何机关或官员之其他一切权力所必需和适当的法律。尽管国会过往已经在特定贸易协定事项上为其自身构建了一个咨询的角色地位,正如《2002年两党贸易促进授权法》(Bipartisan Trade Promotion Authority Act of 2002)中所规定的那样,但并没有在ACTA上适用。国会在ACTA的谈判过程中仍然扮演着一个监督与咨询的角色,对于ACTA的实施同样进行监督。

美国贸易谈判代表认为,ACTA是一个行政协定(executive agreement),并不需要经过国会参众两院的批准,除非它对美国法律进行了法定的改变,但事实上它与美国现行法律完全相容,不必制定相关的实施法案。有人指出,按照行政协定的方式推动ACTA的谈判可能会被认为偏离了美国在其他国际贸易谈判中寻求知识产权目标的道路。美国是以"国会—行政贸易协定"或者需要国会批准的条约这两种模式在国际上促进知识产权目标的实现。② 2012年5月17日,50名美国大学法律教师发表了一封公开信,鼓励美国参议院财政委员会成员履行宪法规定的责任,确保ACTA能够被当作一项

---

① [美]弗雷德里克·M.阿伯特、[瑞士]托马斯·科蒂尔、[澳]弗朗西斯·高锐:《世界经济一体化进程中的国际知识产权法》(下册),王清译,商务印书馆2014年版,第142页。

② Jeanne J. Grimmett, "Why Certain Trade Agreements Are Approved as Congressional-Executive Agreements Rather Than as Treaties", *Congressional Research Service Reports 97-896*, updated April 5, 2002.

需要立法机构批准且需提交到参议院进行审批的具有约束力的国际协议来对待。他们在信中写道:"我们研究后认为,财政委员会未能证实国会对 ACTA 的事前批准,而国会的批准等一系列程序是美国加入 ACTA 唯一的宪法根据。"[1]目前,美国政府虽然签署了 ACTA,但在究竟是否需要国会批准的问题上,并没有一个清晰的定论。美国特朗普新政府上台后采取收缩战略,已经正式退出了《跨太平洋伙伴关系协定》(Trans-Pacific Partnership Agreement,TPP),ACTA 更是遥遥无期了。

至于另一个主要谈判方——欧盟,情况更加不妙。由于 ACTA 包含刑事执法措施,属于欧盟及其成员国之间拥有共同管辖权的领域,ACTA 如果想要在欧盟境内生效,欧盟及其所有成员国就必须一致共同签署与批准。尽管有些欧盟成员国已经启动了国内批准程序,但随着抗议者的反对声在互联网自由言论中广泛扩散,保加利亚、捷克、德国、拉托维亚、波兰与斯洛文尼亚等欧盟成员国决定暂时中止或者不启动 ACTA 的国内批准程序。[2] 时任波兰总理图斯克(Donald Tusk)就认为 ACTA 虽然可以保护知识产权,但将会以牺牲自由为代价,这不符合 21 世纪的现实情况,将不会予以批准。斯洛文尼亚驻日大使甚至发表声明,对自己"草率"签署 ACTA 深表懊悔。[3] 2012 年 2 月,欧盟委员会决定暂时搁置 ACTA 的批准程序,将其提交给欧洲法院判断它是否与欧盟现行法律相互协调。[4] 欧盟委

---

[1]　中国保护知识产权网:《美国大学法律教师呼吁国会重新审议 ACTA》,2016 年 12 月 18 日,见 http://www.ipr.gov.cn/article/gaojianku/201205/1294850_1.html。

[2]　"Poland Suspends Ratification of ACTA Bill", *EU Observer*, February 6,2012. Nikolaj Nielsen, "Czech Republic Stops Ratification of Anti-Counterfeit Treaty", *EU Observer*, February 7,2012. "German Government Suspends ACTA Ratification", *EU Observer*, February 10,2011. David Meyer, "ACTA to be Examined by Top EU Court", *ZDNet UK*, February 22,2010.

[3]　詹映:《〈反假冒贸易协定〉(ACTA)的最新进展与未来走向》,载《国际经贸探索》2014 年第 4 期。

[4]　Bloomberg BNA Patent, "European Commission Puts ACTA Ratification on Hold; Requests EU High Court Review", *Trademark & Copyright Law Daily*, February 23,2012.

员会有可能随后对法院的裁决进行审查。① 欧盟数据保护主管与欧洲议会的一些成员对此表示了严重关切。为了澄清这一问题,欧盟委员会于 2012 年 5 月 10 日根据《欧洲联盟运行条约》第 218(11)条向欧洲法院提出征求意见的请求。在其请求中,委员会特别关注可能违反的事项包括:(1)《欧洲联盟基本权利宪章》第 47(2)条公平听证的权利;(2)《欧洲联盟基本权利宪章》第 8 条和《欧洲联盟运行条约》第 16(1)条个人数据的保护与《欧洲联盟基本权利宪章》第 7 条尊重私人生活的权利;(3)合法性原则。② 2012 年 7 月 4 日,欧盟议会投票以 478 票反对、39 票赞同的绝对差距否决了 ACTA,欧盟或者其成员国均不得加入 ACTA。③ 同年 12 月 19 日,欧盟委员会撤回了其向欧洲法院提交的 ACTA 合法性审查的申请,意味着 ACTA 在欧盟的批准程序最终遭到失败流产。对于美国、日本等发起者们来说,欧盟及其成员国已经无法再成为他们的 ACTA 签约盟友了。④ 少了欧盟这一强大的经济体支撑,外加签署国的内忧外困,ACTA 显然已经丧失了必要的国际基础。⑤

四、协定的加入

条约的加入是指未签署条约的国家表示同意承受该条约的拘束,从而参加该条约、成为该条约缔约国的一种方式,其目的主要是为了吸收更多的国家成为条约的缔约国,以实现条约的广泛性。⑥ 早在 ACTA 谈判过程中,谈判国家曾经讨论过在未来可能扩大谈判

---

① Charles Arthur,"ACTA Down, But Not Out, as Europe Votes Against Controversial Treaty",*The Guardian*,June 4,2012.

② Nils WAHL,Luca PRETE,"Blowin'Against the Wind:On ACTA,AA,CETA,TTIP and the Forgetfulness of David Ricardo",*Journal of World Trade 51*,No.5,2017,p.766.

③ "European Parliament Rejects ACTA",*European Parliament/News*,July 4,2012.

④ 王宇:《谁在反对 ACTA?》,载《中国知识产权报》2012 年 8 月 22 日。

⑤ 左玉茹:《ACTA 的落幕演出》,载《电子知识产权》2013 年第 1 期。

⑥ 万鄂湘等:《国际条约法》,武汉大学出版社 1998 年版,第 63 页。

以吸收其他感兴趣的国家。① 协定的最终文本包括了第 43 条加入条款,明确任何 WTO 成员方可以在签署所规定的期限终止后,申请加入协定。它表明 ACTA 剥离了协定的生效与加入两个问题,加入并不以协定生效为前提条件,从而放松了加入的条件。与签署相类似的是,只有 WTO 成员方并且在签署期限之后才能申请加入协定。对于申请加入的实质性条件,协定明确反假冒贸易委员会应对申请方的加入条款作出决定。究竟需要什么样的条件呢? 很显然是一个国家一个条件。这个极富有弹性的加入条款的设定将会给申请加入国带来足够的压力。申请方交存加入书之日起 30 天后对其生效,这只是一个象征性意义的规定。

　　USTR 表示希望其他国家能够在不久的将来加入 ACTA,反映出在加强知识产权执法需求问题上不断增长的国际共识。一些批评家推测,只有当 ACTA 协定变得非常牢固的时候,才可能邀请发展中国家加入。一些团体担心发展中国家为从 ACTA 参加国获取贸易利益而不得不加入 ACTA 感到压力。② 因为很少有国家有实力拒绝加入 ACTA 的邀请。正如"知识产权正义组织"白皮书所言,ACTA 明显带有帝国主义倾向,它试图从世界最富裕国家的角度来规范全球知识产权执法,对发展中国家的需要和全球公共利益带来损害。发达国家不允许发展中国家参与 ACTA 的谈判,却期待它们遵守 ACTA。通过类似 ACTA 的贸易协定,知识产权输出国能对知识产权进口国的国内立法强加对其有利的政策,这是一种典型的新殖民主义。ACTA 是以牺牲多数人利益为基础而服务于少数私人利益。③

---

　　① USTR,*The Anti-Counterfeiting Trade Agreement-Summary of Key Elements Under Discussion*,April 6,2009.

　　② Robin Gross,"IP Justice White Paper on the Proposed Anti-Counterfeiting Trade Agreement(ACTA)",*IP Justice*,March 25,2008.

　　③ IP Justice,"IP Justice Comments to USTR on the Proposed Anti-Counterfeiting Trade Agreement(ACTA)",March 21,2008,pp.8-9.

五、协定的生效

协定的生效包括两层含义,一是协定本身的生效,二是协定对某一国家开始生效。依据 ACTA 第 40 条第 1 款的规定:"本协定应在交存各自的批准书、接受书或者赞同书的签署国之间,自这些签署国交存 6 份批准书、接受书或者赞同书之日起 30 天后生效。"这是对于协定本身生效的规定。参与谈判国家共有 38 个,这样只需要有不到六分之一的成员完成国内批准程序后即可推动 ACTA 正式生效。无论绝对数量还是比例,都属于较低的标准。一个大的数目通常被选择用来保证条约在生效之前已得到广泛的接受。① 例如,1996 年 WIPO 的 WCT 与 WPPT 两个国际公约分别在第 19 条、第 29 条规定:"本条约应于 30 个国家向本组织总干事交存批准书或加入书 3 个月之后生效。"这充分反映出主导谈判国家想让 ACTA 尽快生效的迫切心情。早在谈判开始的 2008 年,美国甚至试图当年就结束所有的谈判,其心情的焦灼可见一斑。②

ACTA 第 40 条第 2 款规定:"在交存 6 份批准书、接受书或赞同书后,本协定应当在签署国交存其批准书、接受书或赞同书之日起三十天后,对这些交存批准书、接受书或赞同书各签署国生效。"显然,该款是在协定生效之后,如果一国表示同意承受协定拘束,在履行规定手续后,ACTA 就对其产生拘束力。2012 年 10 月 5 日,日本正式交存已经获得国会通过的 ACTA 批准书,成为 ACTA 缔约方中第一个全部完成国内批准程序的国家。从国际条约法的角度看,ACTA 尚未生效。虽然欧盟及其成员国已经无法获得批准,而且已经有 9 个国家签署了 ACTA,排除日本外剩下来的 8 个

---

① [英]安托尼·奥斯特:《现代条约法与实践》,江国青译,中国人民大学出版社 2005 年版,第 131 页。

② USTR, *Trade Facts:Anti-Counterfeiting Trade Agreement(ACTA)*, August 4,2008.

国家中只要有 5 个国家予以批准并提交批准书即可使 ACTA 正式生效。有人认为,美国与日本都不会轻易放弃 ACTA,它们很可能继续加强与其他缔约方的协调,促使 ACTA 尽快生效,将"生米煮成熟饭",继而按照其预定的策略,逐步吸引包括发展中国家在内的其他国家加入其中。① 然而,预计中的 5 个国家迟迟没有出现,说明条约在生效标准设置上过于自信,其他谈判方对于美国与欧盟的状况也感到担忧,两个最主要的谈判推动者陷入困境就是最好的风向标,在它们缺席的情况下,即便条约达到标准正式生效,也没有多大的实际意义。这也充分印证了在知识产权边境保护问题上由美国与欧盟主导的现实。

第三节　《反假冒贸易协定》主要内容的解读

一、序言

第一,ACTA 在"序言"中阐述了制定协定的必要性,这主要是因为知识产权的有效执法是维持所有产业与全球经济增长的关键所在,而假冒与盗版货物以及侵权材料的分销服务的扩散,损害了合法贸易与世界经济的可持续性发展,对权利持有人和合法交易造成了严重的经济损失,在某些情况下,甚至为有组织犯罪提供了收入来源,从而对公众造成了威胁,因此希望通过促进国际合作和更有效的国际执法来遏制这种扩散现象。安全因素是制定 ACTA 的一个新的考虑。美国就认为假冒、盗版与广泛形式的犯罪活动密切关联。② 有组织犯罪集团发现侵犯著作权能够带来巨额的利润。伴随着版权盗版还有其他非法活动,例如走私毒品、非法交易武

---

① 詹映:《〈反假冒贸易协定〉(ACTA)的最新进展与未来走向》,载《国际经贸探索》2014 年第 4 期。

② USTR,*2012 Special 301 Report*,April 2012.

器与洗钱。① 也有些人表示反对,认为此类指控是非常脆弱的,更多的是给予传闻的信息而不是可以量化的数据,即便是知识产权的孤立事件与有组织犯罪联系在一起,那也不代表这是一个普遍存在的问题。②

第二,"序言"表明了与 TRIPS 协定之间关系协调的立场,即充分考虑到各成员方法律体系与实践差异,为 TRIPS 协定的实施提供有效与适当的知识产权执法手段,意味着协定不是全面代替 TRIPS 协定,而是对后者的一种有效补充与强化,所以协定也声明希望确保知识产权执法措施与程序本身不会成为合法贸易的障碍。制定者们一再声明,ACTA 是一个执法协定,它并不会改变现有知识产权实体规则,而是通过强化执法来改善执法实践。③

第三,"序言"指出希望能够以平衡相关权利持有人、服务提供者与使用者的权力与利益的方式,解决知识产权侵权问题,特别是有关版权或相关权利在数字环境下所发生的侵权,并通过促进服务提供者与权利持有人之间的合作来应对这种新生的侵权现象。

第四,协定运行机制是希望能够为国际执法工作与有关国际组织的合作提供相互支持,似乎表现出开放合作的态度。

第五,协定遵循的基本原则是承认《TRIPS 协定与公共健康多哈宣言》中所规定的原则,即"公共健康权利优于知识产权"的原则,包

---

① Gregory F.Treverton et al.,*Film Piracy*,*Organized Crime*,*and Terrorism*,RAND Corporation,2009. Organizationfor Economic Cooperation and Development,*The Economic Impact of Counterfeiting and Piracy*,June 2008,2019 年 8 月 14 日,见 https://www.inta.org/Communications/Documents/2017_Frontier_Report.pdf。

② Carsten Fink and Carlos M.Correa,"The Global Debate on the Enforcement of Intellectual Property Rights and Developing Countries",*International Centre for Trade and Sustainable Development*,February 2009,2019 年 8 月 14 日,见 http://www.iprsonline.org/New%202009/fink－correa_feb2009.pdf。

③ Margot Kaminski,"Recent Development:The Origins and Potential Impact of the Anti-Counterfeiting Trade Agreement",*Yale Journal of International Law*,Winter 2009,p.247.

括公共健康威胁情势之下的强制许可、平行进口以及权利用尽等精神,并声明 TRIPS 协定的第一部分项下的目的和原则,尤其是 TRIPS 协定第 7 条和第 8 条原则的准用,重复了多哈宣言中"有利于促进技术革新、技术转让和技术传播"、"公众利益保护"以及"防止权利滥用"等内容。毫无疑问,TRIPS 协定项下非歧视原则中的最惠国待遇和国民待遇均在 ACTA 中继续适用。在 ACTA 的框架内,无论是假冒或盗版货物的输出国还是进口国,也无论是发达国家还是发展中国家,只要涉及知识产权侵权条款,都会被执行以相同的执法和限制措施。

二、初始条款与一般定义

它分为"初始条款"与"一般定义"两节。前者主要是明确协定与其他协定的关系、义务的性质和范围、与知识产权效力和范围标准的关系以及隐私和信息披露等 4 个条款。后者则是界定了 ACTA、委员会、主管机关、假冒商标货品、国家、海关转运、日、知识产权、过境货品、人、盗版货品、权利持有人、领土、转运、TRIPS 协定、WTO 和 WTO 协定等术语的含义。

三、知识产权执法的法律框架

该章包括"一般义务"、"民事执法"、"边境措施"、"刑事执法"以及"数字环境下的知识产权执法"等五节,从第 6 条到第 27 条,总共 21 个条文,无论从条文数量还是覆盖内容均是 ACTA 最主要的组成部分。

第一节"一般义务"只有一个条文,即第 6 条"与执法有关的一般义务",强调各缔约方应确保其执法程序根据国内法是可用的,包括防止侵权的迅速救济措施和制止进一步侵权的救济措施。为实施本章规定而通过、维持或者适用的程序应当公平与平等,给予该程序下所有参与方以受到适当保护的权利。各缔约方应考虑到侵权的严重性、第三方利益以及可适用的措施,救济和处罚之间相称的必要性。本章内的任何规定不应被理解为要求缔约方官员为其履行公务中的行为承担责任。

第二节"民事执法"分为"民事程序的提供"、"禁令"、"损害赔偿"、"其他救济"、"与侵权有关的信息"以及"临时措施"等6条。"民事程序的提供"要求各缔约方应使权利持有人可以运用本届规定的任何知识产权实施的民事司法程序,在行政程序对案件是非曲直作出任何民事救济的范围内,该程序实质上与本节中的原则应相符合。"禁令"则明确各缔约方应规定司法机关有权责令当事方停止侵权,特别是对该当事方或在适当情况下对其具有司法管辖权的第三方作出防止有关知识产权侵权货物流入商业渠道的命令。"损害赔偿"规定司法机关有权责令知道或有合理理由知道自己侵权行为的侵权人向权利持有人支付足以弥补其因侵权所遭受损害的赔偿。对于金额,司法机关应有权考虑按照市价或建议零售价计算的被侵权货物与服务的价值,特别应考虑到权利持有人所提交的,可能包括利润损失在内的有关价值的任何合法计算方法。在适当情况下,司法机关至少有权在版权或有关权利或商标侵权额民事司法程序结束后,责令败诉方支付诉讼成本与费用以及适当的律师费或由成员方国内法所规定的任何其他费用。"其他救济"是指侵权货物的销毁以及制造侵权货物的材料和工具的销毁或清除出商业渠道。"与侵权有关的信息"明确司法机关有权应权利持有人的合法请求,至少为了证据收集的目的,责令侵权人或被控侵权人向权利持有人或司法机关提供成员方可适用的法律法规中规定的、由侵权人或被控侵权人所掌握或控制的有关信息。"临时措施"主要规定诉前阻止侵权发生或阻止侵权货物进入商业渠道的临时措施和证据保全的临时措施,它可以依照单方面请求而采取,申请人负有举证、担保义务和申请错误情况下的赔偿责任。

第三节"边境措施"涵盖"边境措施的范围"、"小件托运和随身行李"、"权利持有人提供信息"、"边境措施"、"权利持有人的申请"、"保证金或等同保证"、"侵权裁定"、"救济措施"、"费用"以及"信息的披露"等 10 条。它是 TRIPS 协定知识产权边境措施的高度强化,具体内容将在本研究报告第三章详细论述,此处不再赘述。

第四节"刑事执法"包括"刑事犯罪"、"罚则"、"扣押、没收及销毁"与"依职权的刑事执法"等 4 条。"刑事犯罪"要求各缔约方至少对达到商业规模的故意假冒商标或对版权或相关权利的盗版的情况规定。"罚则"规定各缔约方应实施包括监禁与罚金在内的处罚,罚金应在与犯罪的严重性相应的处罚水平上,以便足以对未来侵权行为起到威慑作用。"扣押、没收及销毁"明确主管机关有权扣留与没收涉嫌的假冒商标或盗版货物,扣留用于被控违法行为的任何有关材料与工具,被控违法行为的书面证明文件以及来源于或直接或间接源自被控侵权行为的财产。如果假冒商标货物和盗版货物未被销毁,除例外情况,主管机关应确保此类货物被清除出商业渠道,以免给权利持有人造成任何损害。"依职权的刑事执法"要求主管机关可针对刑事程序与处罚的刑事违法行为主动启动调查或采取法律行动。

第五节"数字环境下的知识产权执法"只有"数字环境下的执法"一条,但内容非常丰富,明确各缔约方应确保民事执法与刑事执法中的执法程序根据国内法可对发生在数字环境中的侵犯知识产权的行为采取有效行动,包括防止侵权的迅速救济措施和制止进一步侵权的救济措施。该执法程序应适用于在数字网络中的版权或相关权利的侵权行为,避免对包括电子商务在内的合法行为产生障碍。各缔约方应努力推动商界之间合作以有效应对侵犯商标与版权或相关权利的行为,同时应维护合法竞争,遵守法律规定以及保护言论自由、公平程序与隐私等基本原则。本节内容也被公认为是 ACTA 富有争议的规定,它涉及 ACTA 对消费者隐私与信息自由流动的潜在影响。一些批评家就指责 ACTA 数字执法条款要求互联网服务供应商(Internet Service Providers,ISPs)在反复接收到版权侵权的指控后就必须关闭该消费者互联网账户,这个条款类似于"三振出局"法("three-strikes"law),由法国政府主张采纳。该条款即便是在欧盟内部也是争议不断,欧洲议会的一些成员认为接入互联网是一项基本人权,只能由法官决定关闭。[①] 许多以知识产权为基础的产业认为不断增加的互联网服务供应商涉及知识产权执法问题,对于打击盗版行为非常重要。批评家指出要求互联网服务供应商过滤掉相关信息是增加了不必要的负担。一些公民自由团体表达忧虑,因为他们感受到的是关闭消费者接入互联网的账户是如此的低门槛。他们坚持必须有在线盗版的证据而不仅仅是指控,方可关闭互联网账户。与知识产权侵权相关联的互联网服务供应商的争论在美国第 112 届国会讨论相关立法的时候达到了高潮,这些立法分别是《防止真实网络威胁经济创新与窃取知识产权法案》(PROTECT IP Act,S.968)与《禁止网络盗版法案》(Stop Online Piracy Act,SOPA,H.R.3261),目的是解决网络盗版问题,中间包括了一些与 ACTA 相似的条款。[②] 在遭到民间社会团体与一些互联网公司的反对后,美国国会经过认真考虑后决定暂时搁置处理。

此外,一些评论员担心美国对于协定中规定的"公平使用"(fair use)实践的程度。有人认为,未来 ACTA 协定将会为权利持有人提

---

① Erik Wasson,"EU ACTA Document Reveals Little Agreement At Seventh Round of Talks",*Inside U.S.Trade*,February 19,2010.

② Brian T. Yeh,"Online Copyright Infringement and Counterfeiting:Legislation in the 112th Congress",*Congressional Research Service Reports*,January 20,2012.

供一定的救济措施,以防止侵权人利用规避技术保护措施条款滥用其版权作品。这类条款可能用于信息的自由流动。ACTA 最终文本并没有包括类似"三振出局"或者"通知后移除"(notice-and-takedown)的规则。ACTA 最终文本要求参与方赋予有能力的主管机关命令互联网服务供应商尽快向权利持有人披露充分的信息,以确定用户账户是否涉嫌侵权。ACTA 不会包括技术保护措施条款。ACTA 规定,数字执法程序在实施过程中不应对包括电子商务在内的合法活动构成障碍,且在符合缔约方法律的基础上,维护其信奉的基本原则,如言论自由、程序公平与尊重隐私。

四、执法实践

该章不分小节,包括"执法知识、信息和国内协调"、"边境风险管理"、"透明度"、"公众意识"以及"销毁侵权货品中的环保考虑"等5条。它规定各缔约方应鼓励主管机关发展特殊专业知识,促进统计数据和其他有关知识产权侵权信息的收集和分析,推动主管机关内部协调与便利联合执法。缔约方主管机关可以与有关利害相关人以及其他缔约方负责知识产权执法的主管机关商议,以识别与处理重大风险,并推进减轻这些风险的行动。各缔约方应采取适当措施公布或以其他方式使公众获得相关信息,并增强公众尊重知识产权的重要性与侵权危害性的意识。侵权知识产权货物的销毁应符合行为发生地所在缔约方有关环境事务方面的法律法规的规定。

五、国际合作

它分为"国际合作"、"信息共享"以及"能力建设和技术支持"等3条,强调国际合作对于实现有效保护知识产权的重要性。各缔约方应努力与其他缔约方交换统计数据、最佳实践信息以及有关知识产权保护与执法的立法性和规范性措施方面的信息。能力建设和技术支持包括增强公众的知识产权意识,有关知识产权执法的国内立法的发展与实施,知识产权执法人员的培训以及在区域和多边层面进行的协调运作。

六、机构安排

它规定了"ACTA 委员会"、"联络点"以及"磋商"等 3 条内容,明确委员会的组成、职责,决策机制及修订规则与程序等。各缔约方应制定一处联络点以便就协定所涵盖的任何事项进行沟通,也可以书面请求与另一缔约方就影响协定实施的任何事项采取措施,被请求方应对此积极考虑,作出回应,提供磋商的充分机会。

七、最后条款

本章包括的条文虽然较多,但内容相对简单,主要涉及"签署协议"、"协议的生效"、"退出协议"、"修订协议"、"加入协议"、"协定文本"以及"保管人"等,均是国际条约所必需的常规性内容。值得一提的是,日本国政府是本协定的保管机关。

第四节 《反假冒贸易协定》是知识产权边境
保护"第四种体制"的新探索

ACTA 由于未能在规定时间内有足够的国家提交核准书而未能生效,确实出乎许多人的意料,谁也很难想到雄心勃勃的 ACTA 会迎来这样一个充满戏剧化的结局。有学者对此评论道,这看似完美的、欲加强知识产权实施的新国际舞台,在行将完工之际,终因支柱之一倒塌而致大厦将倾,功败垂成。从美、日及其跨国公司的角度看,这的确属无奈之事。将来它能否起死回生,成为真正的国际知识产权舞台,除国际知识产权博弈者的持续努力外,还在于全球化时代世事如何演绎。激烈的国际知识产权博弈,却因欧盟对公民社会自由的崇尚以及对它可能受过度知识产权保护措施侵害的担忧(当然还有对欧盟产业利益的维护),陡然发生形势逆转。知识产权国际政治的强势博弈者,似乎并不能够对所有可变的影响因素都加以考虑,更不能对它们实施有效控制。基于欧盟的拒绝行动,中国、印度、巴西等新兴经济体所面临的国际知识产权强化压力随即减轻。"利益攸关",在国际知识产权博弈中,也可有意外体现。①

从制度创新的角度看,ACTA 以打击假冒与盗版货物为对象,充分地吸收了知识产权强国在边境措施保护标准方面的实践经验,从实体与程序两个层面上全面突破了 TRIPS 协定的"最低保护标准"。那么,ACTA 在国际法上是属于什么性质呢? 又归属于前述的知识产权边境保护三种体制中的哪一种呢? 有人提出,从国际法角度看,ACTA 的性质是多边协定、政府间协定和任择性协定。② 发达国家将实施"超 TRIPS"执法标准作为一项新的战略。③ 各种双边、区域与多边协定及单边机构组成一个网络,从而在全球范围内确立了"TRIPS-Plus"的执法规则。④ 发达国家绕开 WTO,采取场所转移(forum shifting)战略,分别通过双边或区域自由贸易协定、投资协定以及诸边协定的方式来实施谈判。⑤

更多的学者倾向于 ACTA 是一种诸边贸易协定(plurilateral agreement),或者将其归纳为国际贸易投资协定中 TRIPS-Plus 造法模式的

①　刘银良:《国际知识产权政治问题研究》,知识产权出版社 2014 年版,第 80 页。

②　毛金生等:《国际知识产权执法新动态研究》,知识产权出版社 2013 年版,第 61 页。

③　Peter K. Yu, "TRIPS and its Achilles' Heel", *Journal of Intellectual Property Law*, Spring 2011, pp.481-482.

④　Viviana Mnoz Tellez, "The Changing Global Governance of Intellectual Property Enforcement: A New Challenge for Developing Counties", *International Perspectives*, Edward Elgar *Publishing Limiter*, 2009, p.10.

⑤　Susan K. Sell, "TRIPS was Never Enough: Vertical Forum Shifting, FTAS, ACTA and TPP", *Journal of Intellectual Property Law*, Spring 2011, pp.1-2.

复边主义模式(plurilateralism)①。有人就提出,ACTA 是一个典型的诸边协定,只对自愿签署的缔约方生效,并不当然地对其他 WTO 国家生效。不过,欧盟和美国等发达成员有在双边协定和自由贸易区域协定中强化 ACTA 执法标准的趋势和意愿,因此,ACTA 实质上接近于多边协定。② 如果 ACTA 成为 WTO 的一部分,那么签署 ACTA 就会成为加入 WTO 的一个条件。有人就断言,ACTA 是诸边贸易协定③,或者更准确地说,ACTA 是诸边执法协定④,它是在 WTO 之外的一项诸边协定,其前身是《海关统一知识产权执法临时标准》。⑤

笔者认为,ACTA 只是在形式上与 WTO 体制内诸边贸易协定相似,但它有选择地挑选谈判伙伴,采取已经为人所诟病的秘密谈判的方式,特别是在边境措施保护标准问题上确立了一种综合"最低保护标准"、"双边协商标准"以及"单边强制标准"的"复合标准",代表着一种全新的知识产权边境保护体制新探索,即"第四种体制"。

一、ACTA 与诸边贸易协定的形式相似性

《马拉喀什建立世界贸易组织协定》第 2 条第 3 款规定,"本协定附件四中各协议及其法律文件(以下简称"诸边贸易协定"),以接受者诸边贸易协定的成员而言,也是本协定的部分,并约束这些成员。对未接受诸边贸易协定的成员,诸边贸易协定不产生任何权利

① 张娜:《TRIPS-plus 造法问题研究》,中国政法大学出版社 2015 年版,第 39—44 页。

② 袁真富、郑舒姝:《〈反假冒贸易协定〉(ACTA):制度评价及其国际影响》,载《国际贸易问题》2012 年第 7 期。

③ Lavonne D. Burke, "Note, The United States Takes Center Stage in the International Fight Against Online Piracy & Counterfeiting", *33 Houston Journal of Internation Law*, Vol.33, 2010.

④ [美]弗雷德里克·M. 阿伯特、[瑞士]托马斯·科蒂尔、[澳]弗朗西斯·高锐:《世界经济一体化进程中的国际知识产权法》(下册),王清译,商务印书馆 2014 年版,第 1061—1069 页。

⑤ 张磊等:《〈反假冒贸易协议〉研究》,载《河北法学》2013 年第 11 期。

义务"。WTO 协定体系中早期有 4 个诸边贸易协定，分别是《民用航空器协定》、《政府采购协定》、《牛肉贸易协定》与《乳制品贸易协定》。目前，只有《民用航空器协定》与《政府采购协定》有效，后面两个已于 1997 年正式失效。诸边贸易协定允许成员国自愿加入并仅对加入国有效，对于没有批准协定的其他国家则不具有拘束力。因此，诸边贸易协定并不是一个新名词，而是属于 WTO 协定体系中的一个特殊协定模式。诸边体制的范围较双边主义大，但又较有多数参与者的多边主义小，是一种介于多边体制与双边体制之间的、与多边体制更为相近的"准多边"体制。① 这是它区别于多边、双边贸易协定的一个重要标准。ACTA 的谈判方有 38 个，在数量上介于多边与双边之间，符合诸边贸易协定的数量要求。

　　诸边贸易协定的另一个重要标准是约束的对象是特定的。ACTA 的焦点是打击假冒货物。假冒的定义有很多，此处更多的是指实物商标的侵权行为。在 TRIPS 协定中，"假冒"一词主要在商标侵权中使用。当 ACTA 协定开始谈判时，许多观察家相信它将主要聚焦在打击药品、玩具、汽车配件、计算机配件等诸如此类货物的假冒贸易上。随着谈判的推进，ACTA 中知识产权的范围超出了传统的"假冒"的含义，还包括盗版在内，即版权侵权行为。ACTA 谈判方在协定的不同条款中使用的知识产权的范围有不同意见。例如，欧盟建议将专利纳入民事执行部分，认为将专利从民事救济中排除将限制汽车、机械、制药以及农业化学等产业使用 ACTA 的可能性。美国则表示反对在民事执法部分包括专利内容，有些人推测这是由于担心与美国专利法相互抵触。ACTA 最终文本在民事执法部分增加了一个脚注，规定"缔约方可以从本节的适用范围中排除专利与未披露信息的保护"。

---

① 薛虹：《知识产权准多边国际体制的扩张》，载《暨南学报（哲学社会科学版）》2012 年第 6 期。

　　具有相对独立的法律地位是诸边贸易协定的又一个重要特点。ACTA 谈判是作为 WTO、WIPO 以及其他国际知识产权保护与执法多边机构之外的一个独立协定进行的。ACTA 的这种方式引发了争议。

　　一方面,有人建议脱离于现存多边框架之外的 ACTA 谈判使得美国与其他有类似兴趣的国家更加有效地与更有灵活性地推动全球知识产权保护。多边回合的贸易谈判近年来已经陷入停滞。WTO 多哈回合多边贸易谈判由于国家之间在农业、工业关税与服务问题上的差异而停滞不前。WIPO 成员方也未能就 WIPO 全球专利议程讨论新要素问题达成一份协定。① ACTA 谈判方还认为,ACTA 是一份具有创新性的协定,并不适合于当前多边框架。② USTR 在发布的一份情况说明书中表示:"我们感觉到独立于一个特定组织而存在的一份协定是所有利益相关国家实现目标一条合适的道路。我们全力支持所有与知识产权执法有关的 G8、WTO 与 WIPO 的重要工作。"③

　　另一方面,一些批评人士指责 ACTA 参与方在现存多边框架之外举行谈判的决定意图避开发展中国家或其他代表各类公共利益的利益相关者的关切。一些观察认识质疑 ACTA 从长期来看究竟处于何种地位,是继续作为一个独立协定存在还是 WTO 或其他国际实体予以吸收? ACTA 谈判方表达在未来 WTO 能够吸收 ACTA 的期望。例如,日本贸易官员就表示:"我们非常渴望能够在 WTO 框架内使 ACTA 成为形成国际规则的模式。"④对于美国来说,ACTA 协定

---

　　① Daniel Pruzin,"No Agreement at WIPO on Patent Agenda;Developing Countries Push for Exceptions",*International Trade Daily*,February 9,2010.

　　② European Commission,"Q&As on the Anti-Counterfeiting Trade Agreement",2019 年 8 月 15 日,见 http://trade.ec.europa.eu/doclib/docs/2009/january/tradoc_142040.pdf。

　　③ USTR,"Trade Facts:Anti-Counterfeiting Trade Agreement(ACTA)",2019 年 8 月 15 日,见 http://www.ustr.gov/sites/default/files/uploads/factsheets/2008/asset_upload_file760_15084.pdf。

　　④ Rick Mitchell,"Japan Trade Official Says ACTA Should Serve as Model for WTO Rules",*Bloomberg BNA Intellectual Property Law Resource Center*,April 8,2011.

正是一个将众多双边协定中更强的知识产权义务拓展到更多国家的难得机遇。尽管 ACTA 被冠以贸易协定的头衔,却与一般意义上的美国区域与双边自由贸易协定性质不同,后者往往旨在全面消除与减少贸易障碍,前者是一个主要聚焦于知识产权的诸边协定,USTR 称其为一个领导性的、设定标准的协定。①

二、ACTA 谈判成员的选择性和严格限制性

与诸边贸易协定开放式的谈判不同,ACTA 的谈判从一开始范围就受到主导谈判的知识产权强国的严格限制,参与谈判的绝大多数国家都是发达国家,它们对于"国家经济严重依赖于以知识产权为基础的产业"这一点有着共识,这些国家差不多占到全世界货物出口量的一半左右。一般排斥发展中国家参加谈判,只有墨西哥与摩洛哥是发展中国家,有人认为,墨西哥、摩洛哥等发展中国家之所以参加 ACTA 谈判是因为饱受各种走私犯罪之苦。② 但根本原因是因为它们与美国签订了双边自由贸易协定,有很强的动机来响应美国制定诸边协定的倡议。③ 它们加入谈判并不是与知识产权强国一样有着提高知识产权边境保护标准的诉求,而是它们面临着两难选择,参与谈判就能够第一时间获得谈判的信息,尽可能保护自己的利益,如果不参与,条款就可能直接通过双边自由贸易协定在本国生效。与其被动适用,还不如选择在开始的时候就主动加入谈判。ACTA 成员身份也因此被称为"俱乐部"原则。④

---

① Shayerah Ilias, "The Proposed Anti-Counterfeiting Trade Agreement: Background and Key Issues", *Congressional Research Service Reports*, July 19, 2012, p.15.

② 李宗辉:《〈反假冒贸易协定〉(ACTA)的"表"与"里"》,载《电子知识产权》2011年第 8 期。

③ Charles R. McManis, "The Proposed Anti-Counterfeiting Trade Agreement (ACTA): Two Tales of a Treaty", *Houston Law Review*, 2009, p.1235.

④ Claudio Brenni, "The Anti-Counterfeiting Trade Agreement (ACTA): A New Obstacle to Human Rights?", 2019 年 8 月 15 日,见 http://www.3dthree.org/pdf _ 3D/201006ACTAInformationnote.pdf。

表 4　部分 ACTA 谈判方在特定条约中的地位

ACTA 参与方	TRIPS	WIPO 条约	与美国签署的区域 FTA	与美国签署的双边 FTA
澳大利亚	生效	生效	TPP	生效
加拿大	生效	签署	NAFTA	生效
欧盟	生效	签署	—	正在谈判
日本	生效	生效	TPP	—
墨西哥	生效	生效	NAFTA	—
摩洛哥	生效	非成员	—	生效
新西兰	生效	非成员	TPP	TPP
韩国	生效	生效	—	生效
新加坡	生效	生效	TPP	生效
瑞士	生效	生效	—	—
美国	生效	生效		

　　许多发展中国家对于 ACTA 谈判未能充分考虑到发展中国家的利益、观点与需求表达了担忧。在 WTO 的 TRIPS 理事会会议上,中国与印度均表示,ACTA 将会削弱 WTO 协定中权利、义务及灵活性之间的平衡,制造出了新的贸易壁垒,限制了 TRIPS 协定中诸如公共健康与通用药物贸易等问题上的灵活性。由于被迫将焦点放在知识产权执法措施上,限制了政府分拨知识产权资源的自由,也会导致在未来的区域与其他协定中采纳 ACTA 的标准。其他未能参与 ACTA 谈判的发展中国家表达了类似的观点。① 发达国家担心如果同意发展中国家加入谈判过程,后者针对过高的知识产权边境保护标准将会提出许多反对意见,可能使协定难产甚至夭折,以现在这种方式迅速就协定内容达成一致,再凭借它们在世界经济和国际贸易中的

---

　　① World Trade Organization(WTO) ,"Council Debates Anti-Counterfeiting Talks,Patents onLife", *Press Release*, June 8 and 9,2010,2019 年 8 月 15 日,见 China Slams Nearly Complete-dACTA,"Questions Its WTO Compatibility", *World Trade Online*, November 4, 2010, 见 http://www.wto.org/english/news_e/news10_e/trip_08jun10_e.htm.

强大优势地位迫使发展中国家无条件接受协定知识产权执法要求,是发达国家一贯使用的强盗逻辑,只是这一次被它们演绎到了极致。①

有选择性地挑选特定国家加入 ACTA 谈判更是有违诸边贸易协定的性质。一些观察家质疑,为什么那些出现在美国"特别 301 报告"名单上的、未能提供知识产权保护与环境的国家却参加了 ACTA 谈判。2012 年美国"特别 301 报告"就将加拿大列为优先观察名单,墨西哥与一些欧盟成员国(芬兰与罗马尼亚)列为观察名单。② 根据 USTR 解释,参加 ACTA 谈判将有助于"特别 301 报告"上国家实现加强知识产权执法的目标。③ 一些观察家还质疑,ACTA 如果不包括中国与俄罗斯(两国均是"特别 301 报告"中名单国)这样的国家,还有多少的有效性呢? 毕竟这两国被美国认为是假冒与盗版的主要来源国。所以 USTR 的辩解是无法自圆其说的,如果按照正常逻辑,应该邀请中国与俄罗斯两国参与谈判才对。所以,这只不过是主导 ACTA 谈判的美国冠冕堂皇的一种遮掩罢了。一些团体批评 ACTA 作为一个诸边协定在进行谈判,并主要是一些发达的工业化国家幕后主导。④

三、ACTA 谈判方式的秘密性

在谈判早期,美国贸易谈判代表便以安全理由避免 ACTA 草案文本对外流传。美国贸易谈判代表柯克(Kirk)对于 ACTA 谈判过程保密问题作出解释:"作为主权国家代表在谈判中的一种习

---

① 李宗辉:《〈反假冒贸易协定〉(ACTA)的"表"与"里"》,载《电子知识产权》2011 年第 8 期。

② USTR,*2011 Special 301 Report*,April 2011.

③ USTR,*Trade Facts:Anti-Counterfeiting Trade Agreement*(*ACTA*),August 4,2008,p.3,2019 年 8 月 15 日,见 http://www.ustr.gov/sites/default/files/uploads/factsheets/2008/asset_upload_file760_15084.pdf.Ibid。

④ Monika Ermert,"Embattled ACTA Negotiations Next Week in Geneva;US Sees Signing This Year",*Intellectual Property Watch*,May 2009.

惯,谈判者一致同意不会向公众详细地披露建议或谈判文本,特别是在谈判的早期阶段。参与谈判者就可以秘密地交换意见,推动谈判进展以及在复杂事项上为达成协议所采取的必要妥协。"①在一些团体看来,ACTA 谈判缺乏足够的公共透明度与有意义的公共参与。参与谈判的政府与娱乐业、软件业、服装业与制药业代表等权利持有人保持密切磋商,却不和广大的消费者与公共利益团体进行协商。② 一些观察家评论道,ACTA 谈判保密的水平与其他国际贸易谈判相比是前所未有的。类似于 TRIPS 协定的其他国际贸易条约的草案文本,在代表谈判过程中就会对外披露。国会一些成员与一些利益相关者呼吁 USTR 改善 ACTA 谈判的透明度问题。在一封写给 USTR 的信中,伯尼·桑德斯(Bernard Sanders)与谢洛德·布朗(SherrodBrown)两位参议员就呼吁 USTR 允许公众对正在谈判中 ACTA 实质性的建议进行评论。③ 2010 年 3 月 10 日,欧盟议会通过"透明度和成员方在 ACTA 谈判中的作用"决议,对 ACTA 谈判提出了质疑。决定指出,根据已披露的文件,ACTA 谈判将涉及欧盟有关知识产权、电信、电子商务和数据保护的立法,该谈判不应阻碍创新和竞争,不应减损知识产权例外制度的适用和个人数据的保护,也不应限制信息的自由传播或为合法贸易增加不当的负担。欧盟议会在决定中还呼吁增加 ACTA 谈判对公众的透明度,并不惜向欧盟衡平法院提起诉讼以捍卫自己的知情权。④

---

① USTR,"Ask the Ambassador", *Question on the ACTA Negotiation Process*, September 23,2009.

② "Numerous Firms Reviewed Draft Treaty Proposal on IP", *CongressDaily/A. M.*, October 16,2009.

③ Shayerah Ilias, "The Proposed Anti-Counterfeiting Trade Agreement:Background and Key Issues", *Congressional Research Service Reports*,July 19,2012,p.16.

④ 陈福利:《〈反假冒贸易协定〉述评》,载《知识产权》2010 年第 5 期。

当然,我们也不能绝对地说 ACTA 谈判是完全保密的,谈判方有选择性地与一些组织和个人分享了谈判的进程与材料。USTR 就与一些特定的人分享了数字执法章节的草案文本,具体包括 USTR 正式贸易咨询体系中的透明顾问(cleared advisors)与经过挑选的产业及公共利益团体,后者还被要求签署一份不泄露协议方可接触到谈判文本。① 随着 ACTA 谈判的推进,谈判过程才变得越来越透明。USTR 在第 6 轮谈判后的 2009 年 11 月对外公布了一份主要内容的摘要;在第 8 轮谈判后的 2010 年 4 月发布了草案文本;在第 11 轮谈判也就是最后一回合谈判后的 2010 年 10 月发布了一份统一的文本;2010 年 11 月 15 日公布了一份定稿文本(finalized text),也就是接受法律批准的文本;2011 年 5 月公布了最终文本(final text)。作为增加透明度的例证,USTR 从 2009 年起就采取了一系列步骤,包括在 USTR 网站上建立一个专门的 ACTA 网页;在谈判过程中发布了一个公众问题的摘要以及在每轮谈判回合前在 ACTA 网页上发布谈判日程安排。②

美国贸易谈判代表还声称它充分地征求了国会以及外部利益相关者的意见。这表明 ACTA 是政府行政部门与国会紧密协作以及与美国产业界与非政府组织密集磋商下的产物。③ 就拿与国会协商来说,USTR 围绕 ACTA 相关主题与国会工作人员及其成员进行会晤或举办会议,向后者提供 ACTA 最新的发展、征求意见,以确保 ACTA

---

① "Numerous Firms Reviewed Draft Treaty Proposal on IP", *Congress Daily*, October 14, 2009.

② Letter from the Honorable Ron Kirk, U.S. Trade Representative, to The Honorable Ron Wyden, U.S. Senator, January 28, 2010, 2019 年 8 月 15 日, 见 http://www.ustr.gov/webfm_send/1700. For access to ACTA texts, see Office of the U.S. Trade Representative, "Previous ACTA Texts", 2019 年 8 月 15 日, 见 http://www.ustr.gov/trade-topics/intellectual-property/anti-counterfeitingtrade-agreement-acta/previous-acta-texts。

③ Letter from the Honorable Ron Kirk, U.S. Trade Representative, to The Honorable Ron Wyden, U.S. Senator, December 7, 2011.

能够反映出国会的期望。① 至于与其他利益相关者的磋商，USTR 指出它已经向包括权利持有人代表、互联网中介与非政府组织等在内的广泛范围内的专家征求意见。② 此外，它还于 2008 年 2 月在联邦登记(Federal Registrar)上发布通知，征求公众对 ACTA 的意见，随后邀请利益相关者参加其与商务部联合举办的会议探讨 ACTA 事宜。③ 然而，这些都无法掩盖 ACTA 秘密谈判的实施，这在国际知识产权立法中未曾有过的企图保密做法已经把 ACTA 玷污。有人评论道，尽管谈判方费尽心思，防止谈判内容外泄，但是在 2010 年 4 月正式公布草案之前，ACTA 草案仍然被陆陆续续地泄露。因此有种讽刺的说法："莫非有种公布公约的方式是泄露?"④

四、ACTA 知识产权边境保护"复合标准"的确立

TRIPS 协定第 1 条第 1 款规定："缔约方可以但没有义务对知识产权提供比本协定更为广泛的保护，只要这样的保护不违反本协定的规定。"这是 TRIPS 协定"最低保护标准"的源头，也是超出该标准保护规定的合法性基础。任何缔约方都可以有选择性地对知识产权提供比 TRIPS 协定更为广泛的保护，但这不是缔约方强制性的义

---

① Letter from the Honorable Ron Kirk, U.S. Trade Representative, to The Honorable Ron Wyden, U.S. Senator, December 7, 2011.

② Letter from the Honorable Ron Kirk, U.S. Trade Representative, to The Honorable Ron Wyden, U.S. Senator, January 28, 2010, 2019 年 8 月 15 日，见 http://www.ustr.gov/webfm_send/1700. For access to ACTA texts, see Office of the U.S. Trade Representative, "Previous ACTA Texts", 2019 年 8 月 15 日，见 http://www.ustr.gov/trade-topics/intellectual-property/anti-counterfeitingtrade-agreement-acta/previous-acta-texts。

③ USTR, "Anti-Counterfeiting Trade Agreement (ACTA): Request for Public Comments", *73 Federal Register 8910 - 8911*, February 17, 2008. USTR, "Anti-Counterfeiting Trade Agreement(ACTA):Notice of Public Meeting", *73 Federal Register 51860 - 51861*, September 5, 2008.

④ 袁真富等:《〈反假冒贸易协定〉的主要特点及其现实影响》，载《电子知识产权》2011 年第 8 期。

务,并不能违反 TRIPS 协定的目的、宗旨、实体以及程序规定。一般来说,超国际标准保护有两种途径:一是由缔约方国内法自行决定,即单方保护模式;二是缔约方之间进行双边协商,即双边条约保护。这种超国际标准的例外规定,是对最低保护标准原则的重要补充。[①] ACTA 在"序言"中就明确不想全面代替 TRIPS 协定,而是对后者的一种有效补充与强化,它针对的是 TRIPS 协定所规定的最低保护和执法标准,在一些双边安排、区域贸易安排或多边法律框架中提供了比 TRIPS 协定标准更高、范围更广、效力更强的任何知识产权保护承诺。[②] 缔约方将适用更加严格的标准,不能利用现有灵活性或公共利益保护措施,或者提前履行 TRIPS 协定义务的要求。[③]

既然 ACTA"边境措施标准"比 TRIPS 协定"最低保护标准"严苛,那么,与双边体制的"双边协商标准"以及单边体制的"单边强制标准"相比,它在保护强度上也许比不上这两个标准,但却在很大程度上克服了这两个标准所存在的弊端。参与 ACTA 谈判有 38 个国家,达成协定的覆盖面与影响力要超过双边体制下一对一的谈判后协定,后者碎片化的问题在一定程度上得到了缓解,谈判方所付出的谈判资源与压力也随之减轻,这一点对竞争日益激烈的国际社会来说,即便是对于知识产权强国而言也是一种利好。与此同时,尽管 ACTA 闭门谈判的方式严重损害了协定本身的公信力,但相当数量谈判方的存在,相比较知识产权强国单边强行推广保护标准的做法,进步性还是必须予以肯定,它使得单边体制下"单边强制标准"的正当性问题得到了一定程度的修复。因此,我们认为,ACTA 确立了一

---

① 吴汉东:《论知识产权国际保护制度的基本原则》,载《知识产权年刊》创刊号,北京大学出版社 2005 年版,第 18 页。

② 廖丽:《国际知识产权新趋势——TRIPS-Plus 知识产权执法研究》,中国社会科学出版社 2015 年版,第 32 页。

③ Mayne Ruth,"Regionalism,Bilateralism,and TRIPS Plus Agreement:The Threat to Developing Countries",*Human Development Report*,*Human Development Report Office*,2005,p.2.

个知识产权边境保护的全新标准,它比多边体制下"最低保护标准"更严苛,比双边体制下"双边协商标准"覆盖面更广,比单边体制下"单边强制标准"更有正当性,是一种糅合了三种传统标准之后的"复合标准"。从性质上讲,仍然是对知识产权边境保护多边体制的一种破坏。2010年6月,WIPO总干事弗朗西斯·高锐向《知识产权观察》称,诸边ACTA和其他此类区域谈判对多边机构来说是一个"坏的发展",是多边体系弱化的信号。[1]

正如契约构成当事人之间的法律一样,条约构成当事国之间的"法律",因而,条约只在缔约者之间才有拘束力,对第三国既无损,也无益,这就是条约相对效力原则。[2] 在现代国际互赖越来越加强的情况下,很少条约不会影响第三国的利益,也就是说,不会不使第三国实际上得到权益或蒙受损害。[3] 有人提出,诸边协定可以分为开放性WTO诸边协定、封闭性WTO诸边协定、经济整合型诸边协定以及独立型诸边协定,而ACTA没有引用与依靠WTO相关协议条款进行运作,因此完全独立于WTO架构之外,也不受WTO相关条约义务的约束。[4] 这种观点不完全正确,ACTA与现存的两个诸边协定不同,完全独立于WTO体系之外,但主动接受WTO相关原则的约束,其中,国民待遇与最惠国待遇两个原则使得ACTA对第三方也将产生拘束力。

TRIPS协定第4条规定,在知识产权保护方面,由一成员方授予任一其他成员方国民的任何利益、优惠、特权或豁免均应立即无条件地给予所有其他成员方的国民。一成员方给予的下列利益、优惠、特权或豁免,免除此项义务:(1)得自国际司法协助协定或一种一般性

---

① 陈福利:《〈反假冒贸易协定〉述评》,载《知识产权》2010年第5期。
② 万鄂湘等:《国际条约法》,武汉大学出版社1998年版,第193页。
③ 李浩培:《条约法概论》,法律出版社2003年版,第389页。
④ 张猛:《〈反假冒贸易协定〉(ACTA)解析:标准之变与体制之争》,吉林大学法学院2013年博士学位论文。

的并非专门限于保护知识产权的法律实施的;(2)按照认可所给予的待遇,只起在另一国所给予的待遇的作用,而不起国民待遇作用的1971年《伯尔尼公约》或《罗马公约》的规定授予的;(3)有关本协定未作规定的录音与广播组织的表演者及制作者权利的;(4)得自WTO协定生效之前已生效的与知识产权保护有关的国际协定的。条件是此类协定已通报与贸易有关的知识产权理事会,并且不得构成一种对其他各成员方国民随意的或不公正的歧视。

最惠国待遇原则的核心内容是,WTO成员现在和将来给予任何第三方的一切利益、特权、优惠和豁免,也同样给予其他成员。因此,如果ACTA缔约方给予另一个缔约方,同时也是WTO成员的知识产权以ACTA的保护水平,那么它也必须给予非缔约方(另一个WTO成员)以ACTA的保护水平。也就是说,"非缔约方对ACTA的漠视、沉默或者反对并不能改变缔约方对其进口货物采取ACTA的保护标准。由于边境保护是ACTA的一个重要部分,一旦ACTA生效,那么非缔约方的货物出口到ACTA成员的门槛将显著提高。这对于第三国来说,也是巨大的贸易压力。"①TRIPS协定最惠国待遇规定意味着,一个贸易伙伴通过区域贸易协定或者诸边贸易协定取得的任何TRIPS协定的保护事实上适用于所有其他WTO成员。因此,ACTA甚至会对没有参与谈判的成员产生直接影响。②

① 毛金生等:《国际知识产权执法新动态研究》,知识产权出版社2013年版,第87页。
② [美]弗雷德里克·M.阿伯特、[瑞士]托马斯·科蒂尔、[澳]弗朗西斯·高锐:《世界经济一体化进程中的国际知识产权法》(下册),王清译,商务印书馆2014年版,第1064页。

第三章 《反假冒贸易协定》"边境措施"的
对比研究及权利导向新变化

第一节 边境措施主要实体规则的对比分析

一、边境措施的范围

在国际知识产权法中"假冒"仅指假冒商标,并不涉及侵犯版权、专利权或者其他知识产权的行为。ACTA 使用"假冒"指代所有类型的知识产权侵权行为,目的是增强执法的合法性和说服力、占领道德的制高点。[①] 但是,ACTA 中边境措施范围的突破并不仅仅限于"假冒"定义,还主要表现在以下三个方面。

第一,大幅度增加知识产权边境措施强制适用的知识产权种类。

知识产权边境措施所涵盖的知识产权种类一直以来就是一个焦点问题。ACTA 在第三节"边境措施"第 1 条,也就是全文第 13 条中规定,即在符合缔约方知识产权保护国内制度,并在不影响 TRIPS 协定要求的条件下,缔约方在知识产权边境执法的规定中,不应对不同知识产权构成不合理歧视,避免对合法贸易造成壁垒。它没有采取常见的直接列举的方式将边境措施适用的范围表达出来,而是概括地予以阐述,具体包括两层含义:一是 ACTA 边境措施的范围必须符合缔约方国内法与 TRIPS 协定的双重规定;二是边境措施的实施

---

① 薛虹:《十字路口的国际知识产权法》,法律出版社 2012 年版,第 122 页。

应当确保相互公平,并不得损害合法的贸易。显然,核心的内容是第一点,由于缔约方知识产权国内制度互相之间肯定存在差异性,只可能在 ACTA 正式生效后方能统一,适用范围实质性取决于 TRIPS 协定的规定,也就是 TRIPS 协定第二部分"关于知识产权效力、范围和使用的标准"中第一节至第七节规定的各类知识产权。ACTA 在脚注中特别注明,缔约方统一专利和未披露信息的保护不属于本节的范围。因此,ACTA 边境措施的范围包括版权和相关权利、商标、地理标识、工业设计、专利以及集成电路布图设计(拓扑图)。

TRIPS 协定在第二部分中列举了知识产权的种类包括版权和相关权利、商标、地理标识、工业设计、专利、集成电路布图设计以及未披露信息等在内。表面上看,ACTA 边境措施的范围相对于 TRIPS 协定来说,似乎并不如人们想象的那么宽泛或者说更加激进。但是,TRIPS 协定第 51 条明确各成员方采取程序使在有正当理由怀疑假冒商标或盗版货物的进口有可能发生的权利持有人,能够向行政或司法主管机关提出书面申请,要求海关中止放行此类货物进入自由流通。各成员可针对涉及其他知识产权侵权行为的货物提出此种申请,只要符合本节的要求。因此,TRIPS 协定边境措施仅仅针对"假冒商标或盗版货物"给各成员设定了强制性义务,地理标识、工业设计以及集成电路布图设计等知识产权也"可以"接受保护,授权给各成员方本国国内立法规定,成员方可以根据其授权将边境措施的实施范围扩大到 TRIPS 协定所列举的知识产权种类,这种立法并不违反成员方要遵循的条约义务,为各成员方扩大适用的客体范围提供了可能。而 ACTA 边境措施的范围删除了成员方选择性义务的选项,全部属于强制性义务。从这个意义上说,ACTA 大幅度增加知识产权边境措施强制适用的知识产权种类。

另外,作为极力主张加强知识产权边境措施的美国,共对商标、著作权、专利权及商号提供边境措施保护。其中,根据美国专利法,共有三类发明创造可以获得专利,即发明专利、外观设计专利和植物品种专利。美国专利法中没有实用新型的概念。在三种可获专利的客体之中,发明专利最为重要。美国专利法的大多数规定,例如有关新颖性、非显而易见性、实用性的规定,有关专利申请和审查程序的规定,有关专利侵权的规定,都是围绕发明专利作出的。至于外观设计专利和植物品种专利,除非另有特别规定,一般都适用发明专利的规定。① 在欧盟统一关税区内,受边境保护的客体包括商标权、版权、版权的邻接权、专利、专利的补充保护证书、植物新品种权、地理标志权。② 日本知识产权边境保护的范围有专利权、实用新型权、外观设计权、商标权、培育者权、著作权及其邻接权、集成电路布局设计利用权等。③ 如前所述,中国知识产权海关保护的客体在一般情况下包括"商标专用权"、"著作权"、"专利权"、"奥林匹克标志专有权"及"世界博览会标志专有权",在与一些特定国家自由贸易协定中,也包括工业品外观设计、植物多样性、已注册的外观设计、地理标志等。WCO《示范条款》规定边境措施实施的客体范围包括,著作权及其有关权利、商标权、地理标志、工业设计、专利权、集成电路布图设计以及未公开的秘密。ACTA 边境措施的范围与美国、日本等更加相似,它们中间出现的一些差异主要是出于国情的不同所致,这也说明 ACTA 是这些国家在此问题上采取最大公约数做法后的产物。

第二,变相拓展关键概念的内涵。

"假冒商标货物"与"盗版货物"是 ACTA 两个最关键的概念,它直接涉及知识产权边境措施适用的具体对象。依据 TRIPS 协定第 51 条脚注的解释,"假冒商标货物"是指包括包装在内的任何如下货

---

① 李明德:《美国知识产权法》,法律出版社 2014 年版,第 37 页。
② 朱秋沅:《知识产权边境保护制度理论与实务》,上海财经大学出版社 2006 年版,第 191 页。
③ 何力:《日本海关法原理与制度》,法律出版社 2010 年版,第 214 页。

物:未经许可而载有的商标与此类货物已有效注册的商标相同,或其基本特征不能与此种商标相区分,并因此在进口国法律项下侵犯了所涉商标所有权人的权利。"盗版货物"是指任何如下货物:未经权利持有人同意或未经在生产国获得权利持有人充分授权的人同意而制造的复制品,及直接或间接由一物品制成的货物,如此种复制在进口国法律项下构成对版权或相关权利的侵犯。按照 ACTA 在前言中的精神以及第 1 条的规定,即本协定不应减损协定缔约方根据现存的,包括 TRIPS 协定在内的协议,而对其他任何缔约方所承担的义务,我们有理由认为,ACTA 应该原封不动地继承 TRIPS 协定中这两个概念的内涵。ACTA 在第 5 条"一般定义"中对"假冒商标货物"与"盗版货物"分别作出界定,前者是指包括包装在内的带有未经授权商标的任何货物,该商标与此类货物上有效注册的商标完全相同或实质上无法区分,而依据所援引的第二章(知识产权执法的法律框架)中程序所指国家法律的规定,侵犯了商标所有人的权利;后者是指属于未经权利持有人或其在生产国的正当授权人同意而制作成复制品的任何货物,且此类货物是直接或间接依照某物品制作而成,而依据所援引的第二章所规定程序的国家的国内法,制作该复制品的行为构成对版权或相关权利的侵犯。

　　我们将这两个关键概念的定义进行比较后发现,在对于"假冒商标货物"与"盗版货物"的特征具体描述方面并没有实质上的区别,以前者为例,"未经许可"与"未经授权","与已经注册商标完全相同或基本特征不能区分"与"与有效注册商标完全相同或实质上无法区分"的表述在法律意义上没有差别,但在后半段内容上,TRIPS 协定明确判断是否侵权的是"进口国法律",而 ACTA 的表述是"依据所援引第二章(知识产权执法的法律框架)所规定程序的国家的国内法"才能作出判断,也就是"缔约方的本国法律",这就意味着进口国、出口国甚至过境国的法律都是判定货物是侵犯知识产权的法律依据。尽管 ACTA 已经对"假冒商标货物"与"盗版货物"法律特征有了明确的界定,但落实到每个国家法律之中还是会有不同的差异,如果均是根据进口国的法律,至少在形式上能够确保一致性,但 ACTA 将进口国的范围增加了货物的出口国与过境国,看上去并没有改变概念内涵,却实质上变相地扩充了边境措施的适用范围。

第三,明显压缩了豁免货物的空间。

一般来说,并不是所有进出口货物都会适用知识产权边境措施的管辖,一些国家会有一个豁免性的规定。中国就明确规定,对个人携带或者邮寄进出境的物品,超出自用、合理的数量并涉嫌侵权的,海关应予以扣留,但旅客或者收寄件人向海关声明放弃并经海关同意的除外。进出境旅客或者进出境邮件的收寄件人认为海关扣留的物品未侵犯有关知识产权或者属于自用的,可以向海关书面说明有关情况并提供相关证据。① 《中国—澳大利亚自由贸易协定》还将少量非商业性货物的进出口排除适用边境措施。《关税同盟海关法典》第 328 条第 2 款第 1 项就规定,海关对自然人携运的自用物品,其中包括利用国际邮件寄给其的自用物品,不采取保护知识产权客体权利的措施。② TRIPS 协定第 60 条规定,各成员可将旅客个人行李中夹带的或在小件托运中运送的非商业性少量货物排除在前述规定的适用范围之外。综合下来,在这个问题上,货物的"非商业性"与"少量"是两个实质性的决定性条件。"非商业性"就意味着"自用",不得在市场上出售谋取利益,"少量"是从侵权货物造成的危险性角度去考量的,就是说在承认侵权货物事实上已经给权利持有人带来损失的情况下,通过数量上的控制将其限制在一定幅度范围内。

---

① 根据《中华人民共和国知识产权海关保护条例:中华人民共和国海关关于〈中华人民共和国知识产权海关保护条例〉的实施办法》第 31 条。

② 《关税同盟海关法典》,白石、蒋小林译,中国海关出版社 2011 年版,第 224—225 页。

至于该货物究竟是"旅客个人行李夹带"还是"小件托运",都是运输形式上的差异而已,属于可选择性的条件,但不是判断是否接受边境措施适用的因素。如果满足两个不可选条件,同时任意叠加一个可选择运输形式条件,即使涉及知识产权侵权行为,也不会被采取边境措施。

对于 TRIPS 协定以及一些国家的做法,有人就针锋相对地提出,如果一个上百人的旅游团,或如中日交往中十年前曾有过的三千人旅游团,每人带一条假冒名牌商标的牛仔裤入境,那可能不比专门输入冒牌商品的进口人的一次进货要少。[①] 因此,许多地区都倾向于废除微量进口或者私人使用的例外。[②] ACTA 在这个问题上正是迈出了限制的重要一步。它在第 14 条中明确,各缔约方应将具有商业性质的小件货物纳入本节适用范围之内。缔约方可将旅客个人行李中的非商业性少量货物排除于本节适用范围之外。这主要是为了避免电子商务中增加的知识产权侵权。[③] 它至少在两个方面作出改变:一是 TRIPS 协定在表述中明确各成员"可",意味着交由各成员自行解决,但 ACTA 规定是各缔约方"应",是一种强制性的义务,没有选择的余地,从义务的角度看,边境措施被强制性地适用于小件托运货物;二是 ACTA 对如何处理非商业性的小件托运货物问题语焉不详,既然商业性质的小件货物适用边境措施,是否意味着就可以反向理解为非商业性质的小件货物就可以不适用呢? 如果是,是否仍然需要遵照 TRIPS 协定中的"少量"的数量要求呢? 模糊的规定无法让人产生合理预期,但可以肯定的是,ACTA 已经明显压缩了小件托运货物在边境措施中生存的空间。

---

① 郑成思:《WTO 知识产权协议逐条讲解》,中国方正出版社 2002 年版,第 170 页。
② 贺小勇等:《WTO 框架下知识产权争端法律问题研究——以中美知识产权争端为视角》,法律出版社 2011 年版,第 201 页。
③ 张娜:《TRIPS-plus 造法问题研究》,中国政法大学出版社 2015 年版,第 114 页。

二、边境措施的主体

站在权利的角度去探讨知识产权边境措施的主体问题,ACTA边境措施中知识产权权利人的表述是"权利持有人"而非"权利所有人",即版权和相关权利权利持有人、商标权利持有人、地理标识权利持有人、工业设计权利持有人以及集成电路布图设计权利持有人。在这一点上,ACTA 与许多国家及 TRIPS 协定保持一致,这也更加显示出中国知识产权海关保护主体所使用"权利所有人"表述的不妥。

TRIPS 协定第 51 条规定:"……能够向行政或司法主管机关提出书面申请,要求海关中止放行此类货物进入自由流通。"这意味着除海关外,其他行政或司法主管机关也会是 TRIPS 协定边境措施的主体之一,这类规定还出现在第 53 条、第 59 条等中。在许多国家,TRIPS 协定的主管机关就是海关,知识产权边境措施保护就等同于知识产权海关保护,那为什么仍然要作出这样的区分规定呢? 我们理解,一方面毕竟有一些国家,海关当局是知识产权边境措施的主要执行机关,但并不是唯一的主体,海关与主管机关分开规定就赋予了这些国家在一定程度上的灵活性,就可以根据国情需要将司法、行政等其他机关纳入进来,例如,德国工业产权办公室和美国国际贸易委员会也是边境措施的执法机关,前者负责接收知识产权边境保护申请并予以准许,通知海关采取边境执法。后者负责对侵犯知识产权的进口产品案件进行调查,并采取相应措施。[①] 另一方面,也可能出于程序上的考量。中止放行涉嫌侵权货物交由海关执行,作出中止放行决定是另外一个司法或行政机关,执行与裁决分别由两个机关行使的程序设计进一步确保了边境措施的公正性。但是,ACTA 边境措施条文中除海关外,就只有主管机关的存在,并未有行政或司法之分。当然,主管机关可以包括司法、海关之外的行政机关。ACTA

[①] 余敏友等:《知识产权边境保护——现状、趋势与对策》,载《法学评论》2010 年第 1 期。

相对于 TRIPS 协定更加精简的规定赋予了缔约方更多的自由空间。

三、边境措施的环节

TRIPS 协定第 51 条明确,各成员应对涉嫌假冒商标或盗版货物的进口采取边境措施,这是一项强制性义务。各成员还可制定关于海关中止放行自其领土出口的侵权货物的相应程序,出口环节的边境措施则是一项选择性义务。它还在脚注中指出,"各方理解,对于由权利持有人或经其同意投放到另一成员市场上的进口货物或过境货物,无义务适用此类程序",明确承认过境自由原则,排除对过境货物适用知识产权边境措施。有人认为,这可能由于过境贸易对于过境国来说是与贸易无关的运输环节,所以未作规定;何况 TRIPS 协定对进出口环节已经作出规定,如果执行得力,过境环节的保护则显得多此一举。[①] 在实际操作中,制止侵权商品的出口可能存在不少困难,因为有的出口商品在出口国是合法制造的,在出口国市场的销售也是合法的(如在出口国无知识产权保护);而销往国外是否合法则不一定,在有的国家是合法的,在另一些国家可能构成侵权。这就取决于进口国是否有知识产权保护。在出口商品仅仅只可能在一部分进口国构成侵权的情况下,一概规定禁止出口显然是不合理的。[②] 世界各国根据本国国情在 TRIPS 协定框架内作出选择,例如,美国只在进口环节适用边境措施,中国与俄白哈三国关税同盟对进口与出口两个环节均提供知识产权海关保护。

ACTA 第 16 条规定:"各缔约方应对进出口货物采用或维持如下程序:(a)海关当局可主动中止放行涉嫌货物;以及(b)适当时,权利持有人可请求主管机关中止放行涉嫌货物。缔约方可对涉嫌的转

---

① 郑成思:《关贸总协定与世界贸易组织中的知识产权——关贸总协定乌拉圭回合最后文件〈与贸易有关的知识产权协议〉详解》,北京出版社 1994 年版,第 202 页。

② 叶京生主编:《国际知识产权学》,立信会计出版社 2004 年版,第 475 页。

运中货物或处于海关监管下其他状态中的货物采用或维持如下程序：（a）其海关当局可主动中止涉嫌侵权货物的放行或予以扣留；与（b）适当时，权利持有人可请求主管机关中止涉嫌侵权货物的放行或予以扣押。"根据 ACTA 的一般定义，"转运货物"（customs transit）是指处于海关转运或转装（transshipment）制度下的货物。前者是指货物在海关监管下从一个海关机构运至另一个海关机构的海关程序，后者是指在海关监管下，在同一既办理进口又办理出口的海关办公机构的区域内，货物从进口运输工具换装至出口运输工具的海关制度。这些概念来源于《关于简化和协调海关制度的国际公约》（《京都公约》）的规定。① 所以，ACTA 的保护环节包括进口、出口、转运及处于海关监管下其他状态三种情况，前面两种是强制性义务，后面是选择性义务，它不仅拓展了出口环节，还引入了极富有争议的转运中货物或处于海关监管下其他状态下货物的保护问题。但是，ACTA 成员方选择对过境货物进行知识产权执法并不违反法理和条约。②

第二节　边境措施程序规则的对比分析

一、发起程序

ACTA 第 16 条第 1 款规定："各缔约方应对进出口货物采用或维持如下程序：（a）海关当局可主动中止放行涉嫌货物；（b）适当时，权利持有人可请求主管机关中止放行涉嫌货物。"第 2 款规定："缔约方可对涉嫌的转运中货物或处于海关监管下其他状态中的货物采

---

① 世界海关组织：《〈京都公约〉总附约和专项附约指南》，海关总署国际司编译，中国海关出版社 2003 年版，第 270、301 页。

② 孙益武：《过境货物相关知识产权执法研究》，复旦大学 2013 年博士学位论文，第 90 页。

用或维持如下程序:(a)其海关当局可主动中止涉嫌侵权货物的放行或予以扣留;与(b)适当时,权利持有人可请求主管机关中止涉嫌侵权货物的放行或予以扣押。"因此,ACTA边境措施程序的发起包括海关当局依职权主动发起与权利持有人申请主管机关发起两种方式,但在适用环节上有所区别。在进出口环节,两种方式是缔约方必须履行的义务,但在转运环节,则是一种选择性的义务。

这种差异性条款规定的背后是谈判各方对此问题的不同看法所致,第一种意见是美国、欧盟、瑞士、摩洛哥、墨西哥、韩国所支持的,即无论进口、出口还是转运,各缔约成员均应规定海关有权主动或者依权利人申请扣押侵权货物。第二种意见由日本提出,认为在进口和出口环节,缔约方成员应该规定海关有权主动或者依权利人申请扣押侵权货物。第三种意见来自新西兰、澳大利亚、加拿大、新加坡,认为在进口环节,缔约方成员应该规定海关有权主动或者依权利人申请扣押侵权货物,但在出口和转运环节,各缔约方成员可以规定海关有权主动或者依权利人申请扣押侵权货物。最终文本接受了日本的建议,即在进口和出口环节,缔约方成员应该规定海关有权主动或者依权利人申请扣押侵权货物;但在转运环节,各缔约成员可以规定海关有权主动或者依权利人申请扣押侵权货物。与TRIPS协定中相关规定相比,ACTA边境措施程序的发起在以下四个方面有明显的改变:

第一,扩大了主管机关依职权发起程序的适用。

TRIPS协定第51条明确,权利持有人能够向行政或司法主管机关提出书面申请,要求海关中止放行进口环节涉嫌货物,这赋予了权利持有人发起程序的权利,同时该条还强调各成员可以制定关于海关中止放行自其领土出口的侵权货物的相应程序。这意味着权利持有人申请发起程序是TRIPS协定各成员方的强制性义务,主管机关依职权发起程序则属于选择性义务。可见,ACTA边境措施程序的发起相对于 TRIPS 协定而言,一个明显的变化就是将主管机关依职权发起程序的义务从选择性改为强制性,不仅如此,在 TRIPS 协定并未涉及的转运环节,权利持有人与主管机关也可以被赋予发起程序的权利。

第二,淡化了主管机关依职权发起程序的条件。

TRIPS 协定第 58 条规定,如果各成员要求主管机关自行采取行动,则后者必须已经取得"初步证据"证明一知识产权正在被侵犯。何谓"初步证据"? TRIPS 协定并没有作出解释,但我们不妨借鉴 TRIPS 协定第 52 条中对于权利持有人发起程序中的要求,即"以使主管机关相信,根据进口国法律,可初步推定权利持有人的知识产权受到侵犯,并提供货物的足够详细的说明以便海关易于辨认"。从一般意义上理解,主管机关在采取中止涉嫌货物放行的边境措施之前,必须掌握相当的证据,而不仅仅停留在怀疑的层面。让人感到非常惊讶的是,ACTA 对这个重要的问题做了淡化处理,海关当局只要"怀疑"货物侵权,就可以采取中止货物放行的边境措施。

ACTA 中此处"怀疑"的标准是一种主观判断,TRIPS 协定中"初步证据"虽然语焉不详,但至少可以归于客观性标准的范畴,对于是否采取边境措施这样一个非常重要的行政决定问题,ACTA 将其彻底交给了各缔约方海关当局主观上的自由裁量,而放弃了在设置客观性标准上的要求。这可谓不是一个重大的改变,它使得各缔约方海关当局拥有巨大的行使权力空间,而受益者就是权利持有人。也许是意识到这个改变所带来的冲击力,必须再作出一些什么规定来修饰一下,抑或是为了增强各缔约方海关当局在行使自由裁量权时候的权威性,ACTA 在第 15 条中规定,各缔约方应许可其主管机关要求权利持有人提供有关信息以协助其实施边境措施。缔约方可允许权利持有人向主管机关提供有关信息。如此而言,海关当局与权利持有人相互联合,可以在没有实际证据的情况下,凭借任意的"可能"与"怀疑"就启动了依职权保护的程序。[①]

第三,彻底豁免了主管机关依职权发起程序的责任。

主管机关在依职权发起边境措施程序后,有可能被证明涉嫌侵犯知识产权的货物最终并未侵权,即便是 TRIPS 协定中主管机关拥有了"初步证据"也可能如此,更不用说 ACTA 中主观性极强的"怀疑"了。如果发生这种情况,主管机关是否承担责任? 或者承担怎样的责任? TRIPS 协定对此做了相应的回答,它在第 58 条中规定,只有在采取或拟采取的行动是出于善意的情况下,各成员方可免除公共机构和官员采取适当救济措施的责任。因此,如果不是善意,主管机关就必须采取适当的救济措施。但是,我们在 ACTA 中没有看到关于这方面的任何只言片语,意味着 ACTA 彻底豁免了海关当局依职权发起程序所可能造成的任何后果,这并不是说后果就不存在了,而只可能是相关货物的进出口商去承担。

第四,差异化地延续了权利持有人申请发起程序的前置性条件。

与前述的 ACTA 淡化了主管机关依职权发起程序的条件不同,它在第 17 条第 1 款中对权利持有人申请发起程序规定了一定的前置条件,即权利持有人根据法律提供充足的证据,证明存在知识产权遭受侵权的初步证据,并应在其知晓的范围内提供充足的信息,以使主管机关合理辨识出涉嫌货物。应该说,该条款的规定基本上延续了 TRIPS 协定在第 52 条中对权利持有人申请发起程序的必备条件。但是,这种延续只是表面上的,实质上还是有差别的。在主管机关判定权利持有人提供证据是否达标的法律依据问题上,TRIPS 协定明确是进口国法律,而 ACTA 当然贯彻了在实体规则上的做法,即根据进口国、出口国甚至过境国的法律来作出判断。更为明显的是,ACTA 第 17 条第 1 款中专门强调,提供充分信息的要求不应造成对

援用第 16 条(边境措施)第 1 款(b)和第 2 款(b)所规定的执法程序的不合理阻碍。如果说 ACTA 基本延续了 TRIPS 协定在权利持有人申请发起程序上的前置性条件,那么,这个规定无异于向权利持有人提供一把可以对抗主管机关的利剑,虽然不至于完全架空了权利持有人申请发起程序的前置性条件,但也使得其效果大打折扣。

二、提交担保

从程序设计的角度来看,知识产权边境措施中的担保与反担保制度是立法者赋予主管机关用以平衡知识产权权利持有人与被诉涉嫌侵权货物进出口人利益的一种有效手段,但这也意味着,如果在具体制度设计上,无法确保公平公正,将会从程序的角度直接影响参与制度的任何一方。这也提供给我们一个观察问题的视角,即判断某项程序设计的最终导向是什么? 是平衡利益还是有所偏向? 从担保程序的发起来看,TRIPS 协定与 ACTA 都规定了申请人担保与被申请人担保两种类型,并首次对申请人担保予以界定。TRIPS 协定第 53 条第 1 款规定,主管机关有权要求申请人提供足以保护被告和主管机关并防止滥用的保证金或同等的担保。ACTA 第 18 条明确,各缔约方应规定主管机关有权要求申请适用第 16 条(边境措施)第 1 款(b)和第 2 款(b)所规定程序的权利持有人提供合理的担保或同等保证,以充分保护被诉方与主管机关的利益并防止滥用程序的发生。两者在这一点上反映出来的立法原意是一致的,即防止申请人对边境措施程序的滥用,并都在另一方面重申对申请人提交担保的要求不能构成对其援用程序的阻碍,这也说明立法者试图维持两者平衡的用意。

如果仅仅停留于此,我们自然就会得出 ACTA 边境措施中担保规定与 TRIPS 协定相近似的结论,但是,在随后的被申请人担保即反担保问题上,前者还是显示出了隐藏其中的价值观。TRIPS 协定

第53条第2款规定,如按照本节提出的申请,海关根据非司法机关或其他独立机关的裁决对涉及工业设计、专利、集成电路布图设计或未披露信息的货物中止放行进入自由流通,而第55条规定的期限在获得适当授权的机关未给予临时救济的情况下已期满,只要符合所有其他进口条件,则此类货物的所有人、进口商或收货人有权在对任何侵权交纳一笔足以保护权利持有人的保证金后有权要求予以放行。该保证金的支付不得损害对权利持有人的任何其他可获得的补救,如权利持有人未能在一合理期限内行使诉讼权,则该保证金应予解除。在TRIPS协定中,反担保制度是一种只要符合规定条件即可适用的一般设计,但ACTA第18条却规定,只有在例外情况下或依据司法命令,缔约方才可允许被申请人在提交担保书或其他担保时获得涉嫌侵权的货物。表面上看,被申请人援用反担保制度来申请放行被扣货物的条件变得更加苛刻,实质上反担保制度完成了从一般原则到例外原则的性质转变。同时,什么属于例外情况? 司法命令又具体包括哪些? 均没有明确界定,这又给缔约方的国内法留下了自由裁量的空间。此外,ACTA在担保形式上增加了担保书的内容,相对于TRIPS协定中的保证金规定,前者将减少申请人资金方面的压力,增加了申请人申请获批的成功率。从这两个方面看,ACTA边境措施中担保与反担保程序设计的天平已经明显地向知识产权权利持有人倾斜。

三、披露信息

在知识产权侵权行为发生后,往往权利持有人对此并不知晓,或者未掌握充分的侵权信息,但对于知识产权边境措施的主管机关来说,虽然掌握了相关的侵权信息,但并不足够了解权利持有人以及涉嫌侵权货物本身的信息。因此,立法者都会考虑在符合一定条件下,授权主管机关向权利持有人披露其权利涉嫌遭受侵害的信息。它可以实现如下三个目标:第一,扩张执法资源,通过信息披露,使得知识产权权利人作为活跃因素参与到执法中,扩充政府执法力量;第二,追踪调查侵权货物,权利人获得信息后可以在侵权货物的出口国或者生产国开展与海关执法有关的活动,追踪调查侵权货物;第三,震慑侵权人,ACTA 规定了严格的程序以阻断侵权货物,侵权人无法在成员国进口、出口和转运侵权产品,会将侵权产品的目标转移到执法制度相对薄弱的国家。① 同时,无论是涉嫌侵权货物信息还是权利持有人或进出口人等信息,均直接涉及商业秘密,受到法律的严格保护,这一点在 TRIPS 协定与 ACTA 中都有所体现。不仅如此,ACTA 相对于 TRIPS 协定,它有三个明显改变:

首先,ACTA 将 TRIPS 协定中信息披露的选择性义务进行了分类化处理。TRIPS 第 57 条中规定,各成员可以授权主管机关,而不是必须授权主管机关,主管机关是否向权利持有人披露信息完全取决于各成员方自己的判断,从而给各成员提供了充足的自由裁量空间,也更加符合国际社会国情差异巨大的现实。在是否向权利持有人披露信息的问题上,ACTA 没有单纯延续 TRIPS 协定的做法,而是依据主管机关在边境措施中的不同阶段采取了两种不同处理方式。在主管机关查获侵权货物以及作出第 19 条(有关侵权的决定)所指的决定之前,缔约方可以授权主管机关向权利持有人提供相关信息。如果主管机关已经扣押涉嫌侵权货物或者在作出第 19 条(有关侵权的决定)时,缔约方则应当授权主管机关披露信息。

其次,ACTA 扩充了披露信息的内容。TRIPS 协定第 57 条中明确,披露信息的范围主要包括"发货人、进口商和收货人的姓名和地址及所涉货物的数量",ACTA 在此基础上,增加了"出口人的名称或地址、已知的货物原产国,以及货物生产商的名称与地址"。对于权

---

① 尚妍:《〈反假冒贸易协定〉边境措施研究》,载《现代法学》2012 年第 6 期。

利持有人而言,增加后的披露信息加上 TRIPS 协定的原有规定,基本上已经构成了货物从生产到进口的完整信息链条。我们承认,权利持有人获取的相关信息越多对制止侵权行为越有利。但另一方面,权利持有人掌握太多关键信息后不仅有违信息双向透明的基本原则,而且客观上还增加了信息泄露的风险。这也是 ACTA 第 22 条为什么在一开始就强调,信息的披露不得影响缔约方有关于隐私与保密信息的国内法的缘故。

最后,ACTA 对披露信息的时间提出了更加精细化的要求。TRIPS 协定第 57 条规定,只有在主管机关对案件的是非曲直作出肯定确定之后,各成员才可以授权披露信息。ACTA 一方面放宽了信息披露在查获与作出决定之前的时间限制,即在这两个阶段内,主管机关可以自由裁量地向权利持有人披露相关信息,另一方面,它还明确,缔约方应当授权主管机关在实施扣押或作出决定后的 30 日内向权利持有人提供信息。ACTA 的这种一方面放宽另一方面收紧的做法,客观上加重了主管机关的责任,权利持有人因此受到了更为优厚的对待。

四、实施救济

TRIPS 协定第 59 条规定,在不损害权利持有人可采取的其他诉讼权并在遵守被告寻求司法机关进行审查权利的前提下,主管机关有权依照第 46 条所列原则责令销毁或处理侵权货物。依据第 46 条规定,司法机关有权在不给予任何补偿的情况下,责令将已被发现侵权的货物清除出商业渠道。因此,"销毁"与"清除出商业渠道"是 TRIPS 协定同时并存的两种救济手段,条款中"或"的使用表明这两个救济手段没有先后之分。ACTA 第 20 条第 1 款规定,各缔约方应规定主管机关有权依据第 19 条作出的货物侵权的决定销毁货物。如果此类货物未被销毁,除例外情况,各缔约方应确保此类货物被清除出商业渠道,以避免对权利持有人造成任何损害。由此可见,ACTA 在救济手段上,改变了 TRIPS 协定"销毁"与"清除出商业渠道"并存的情形,取而代之的是"销毁"居于优先地位,"清除出商业渠道"属于例外手段。从权利持有人的角度来看,销毁侵权货物意味着从物质形态上彻底地予以消灭,一般情况下当然更符合他们的利益诉求。

对于假冒商标货物,TRIPS 协定规定,主管机关不得允许侵权货物在未作改变的状态下再出口或对其适用不同的海关程序,但例外情况下除外。针对这个问题,ACTA 第 20 条第 2 款规定,除例外情况,简单地移除非法加贴的商标并不足以许可放行货物进入商业渠道。两者相比之下,TRIPS 协定笼统地表示侵权货物需要作出一定改变后再出口,但 ACTA 则将之更加具体化,强调除非在特殊情况下,只清除非法贴在该商品上的标签后便允许其重新进入商业渠道是不足够的,也就是说,假冒商标货物重新进入商业渠道的标准被 ACTA 大幅度地提高。另外,ACTA 还明确,缔约方可规定其主管机关有权在依据第 19 条(关于侵权的决定)作出货物侵权的决定后实施行政处罚,这将给侵权方带来更严厉的打击,也是对权利持有人更为有利的救济方式。

第三节 ACTA"边境措施"权利导向的新变化

一、知识产权边境措施下知识产权的性质及其表现

我们在讨论知识产权边境措施下知识产权的性质之前,必须先就知识产权本身的权利属性做一番阐述。众所周知,从价值目标和制度功能的多维角度出发,可以对知识产权的本质进行不同的描述:在私人层面,它是知识财产私有的权利形态;在国家层面,它是政府公共政策的制度选择;在国际层面,它是世界贸易体制的基本规则。[①] 学术

---

① 吴汉东:《知识产权本质的多维度解读》,载《中国法学》2006 年第 5 期。

界的主流观点认为,知识产权是一种非常典型的私权,是一种区别于动产与不动产所有权的知识产权所有权。民法体系内的基本原则与一般法律规范,应当适用于包括知识产权制度在内的各项私权制度。我们必须在民事权利体系的框架内理解知识产权,否则它就会成为无源之水、无本之木,无法找到其应有的法律归属。知识产权法据此应当确立两个基本法律观:一是私权神圣,国家法律必须特别尊重和充分保护包括知识产权在内的各种私人权利。知识产权法的构建应当深刻地体现以私权领域为依归、以权利制度为体系、以权利中心为本位的三种私法理念。二是利益衡平。当事人之间、权利义务主体之间、个人与社会之间的利益应与公平的价值理念相符合。知识产权法理念中的利益衡平,实际上是与一定形态的权利限制、权利利用制度相联系。私权神圣强调的是权利保护,利益衡平主张的是权利限制。两者之间的关系不是绝对对立,而是在知识产权的制度设计中共存。[①]

也有部分学者认为,在传统罗马法体系渊源的影响下,已经形成了一种理论上的知识产权属于私权的"思维定式"。国家或政府的公权力在知识产权制度中起到了非常关键的作用,甚至从知识产权的起源看,这一权利的产生是国家或政府的公权力干预的结果。在现代市场经济和法治社会条件下,知识产权制度的发展已经越来越多地突破传统私法的领域,其"个性化"表现越来越突出,国家或政府不断强化对知识产权制度的公权力干预,主要表现在知识产权制度中显著的"政府角色"和"国家战略化"。知识产权的公权性质在社会公益性、国家授予性和利益权衡性三个方面均有体现。[②] 知识产权私权的公权化趋向乃是建构知识产权法的利益平衡机制、保障知识产权人的专有

---

① 吴汉东:《知识产权的多元属性及研究范式》,载《中国社会科学》2011 年第 5 期。
② 李永明、吕益林:《论知识产权之公权性质——对"知识产权属于私权"的补充》,载《浙江大学学报(人文社会科学版)》2004 年第 4 期。

权、实现知识产权法的公共利益价值之所需。知识产权私权的公权化表明知识产权兼具有私权属性和公权属性,二者对立又统一。①

公权与私权的分类源自罗马法的理论。古罗马法学家乌尔比安在其《学说汇编》中提出,它们(指法律)有的造福于公共利益,有的则造福于私人。公法见之于宗教事务、宗教机构和国家管理机构之中。② 公法的规定不得由当事人之间的协议而变更,而私法对当事人来说,协议就是法律。③ 知识产权从被创设那天开始就归纳于私权的范畴,这也得到了 TRIPS 协定的确认,它在序言中明确表示,"认识到知识产权属私权"(recognizing that intellectual property rights are private rights)。知识产权边境措施是行政或司法机关提供一种知识产权保护,是公权力向私权利提供的保护。在公权力介入后,知识产权边境措施是否改变了知识产权的私权本质呢? 我们认为,尽管知识产权边境措施本身就是公权力介入后的一种产物,但并没有改变知识产权为私权的根本属性。现代私法发展变革的一个重要趋势,即传统私法的权利本位理念有所动摇,私法自治原则有所限制。但是,国家对知识产权领域的干预,具体表现为知识产权在权能范围、效力范围等方面受到某些限制,但不可能改变知识产权的基本属性。事实上,知识产权法从其产生之初直至发展到今天,相关权利无时不在保护与限制的法律调整之中。知识产权受到限制后,依然保留着私权的独立性和同质性。④

然而,受到边境措施保护的知识产权也不再是纯粹意义上的私权,而蜕变为一种私权公权化的权利。有人就提出,知识产权是受私

---

① 冯晓青、刘淑华:《试论知识产权的私权属性及其公权化趋向》,载《中国法学》2004 年第 1 期。

② [意]彼德罗·彭梵得:《罗马法教科书》,黄风译,中国政法大学出版社 1992 年版,第 9 页。

③ 周枏:《罗马法原论》(上册),商务印书馆 1994 年版,第 84 页。

④ 吴汉东:《知识产权的多元属性及研究范式》,载《中国社会科学》2011 年第 5 期。

法与公法保护的公共利益限制的公法管理的私权利,其可以被界定为一种复合的权利。因此,对于知识产权行政法律保护制度而言,公法性即是其基本属性。知识产权对强有力的行政保护乃至刑事保护的需求是知识产权法体系建构中引入公法性规则的重要方面。[①] 知识产权海关保护是以公权立法的形式,构建起来的对知识产权的行政保护措施。一方面,其行政执法的性质所决定,它与以往知识产权行政管理机关对知识产权的管理相比,具有更强的执行性,反映了知识产权作为私人财产权利保护的私法的公法化趋势。另一方面,由其执法对象的私权属性和特殊的利益平衡要求,使其具有与以往海关进出境货物监管、征税和查缉走私等传统执法职能明显不同的执法特点。[②]

第一,知识产权边境措施完全依赖于国家干预而产生。

知识产权法可以被简化为一个核心本质,这个信念继续在今天的知识产权法中发挥着强有力的控制作用。事实上,那些被名望——现在将此名望归因于理论——所吸引的评论者,常常对以下的问题发生争论,例如,知识产权法究竟是以自然权利(natural rights)为基础的,抑或是由立法机关所创设的一种人为权利(artificial rights)。[③] 在一个因技术发展而使受保护的权利比以往任何时候都更容易遭受侵害的世界里,如果权利人无法有效地行使自己的权利,即使建立一个保护知识产权和传播相关信息的周密、全面的制度,也毫无意义。权利人必须能够采取打击侵权者的措施,以防止进一步侵权的情况发生,并能够弥补实际侵权所造成的损失。权

---

① 朱淑娣主编:《中美知识产权行政法律保护制度比较——捷康公司主动参加美国337行政程序案》,知识产权出版社2012年版,第5页。

② 张红:《知识产权海关保护的私权性及利益平衡要求》,载《政法论坛》2010年第5期。

③ [澳]布拉德·谢尔曼、[英]莱昂内尔·本特利:《现代知识产权法的演进:英国的历程(1760—1911)》,金海军译,北京大学出版社2012年版,第257页。

利人也必须能够请求国家权力机关处理假冒仿制的问题。如果没有既能保障权利人实施权力，又能避免向其他人授予相同权力的适当体制，知识产权制度就没有任何价值。[①] 正是在这种理念的指引下，以海关为主的行政机构被赋予了在进出境环节打击知识产权侵权行为的职责，换个角度而言，知识产权边境措施因行政或司法机关的介入而存在，如果没有这些机关在进出境环节提供保护，那么，也就不存在所谓的知识产权边境保护制度。这种特定的知识产权措施完全是以国家的干预而产生。

第二，知识产权边境措施的制度设计处处体现了国家的干预。

知识产权边境措施因国家干预而生，知识产权私权属性也因此打上了公权化的深深烙印。这一点在知识产权边境措施的实体规则与程序规则中均有着鲜明体现，就以知识产权边境措施适用范围为例，1967 年 7 月于斯德哥尔摩外交会议上签订并于 1970 年生效的《建立世界知识产权组织公约》第 2 条第 8 款规定，知识产权应当包括有关下列项目的权利：（1）文学、艺术和科学作品；（2）表演艺术家、录音和广播的演出；（3）在人类一切活动领域内的发明；（4）科学发现；（5）外型设计；（6）商标服务标记、商号名称和牌号；（7）制止不正当竞争以及在工业、科学、文学或艺术领域内其他一切来自知识活动的权利。1992 年国际保护工业产权协会东京大会认为，知识产权分为创作性成果权利与识别性标记权利两个类别，前者包括发明专利权、集成电路权、植物新品种权、技术秘密权、工业品外观设计权、版权以及软件权，后者包括商标权、商号权及其他与制止不正当竞争有关的识别性标记权。目前，尚没有一个机构在其已经生效的文件或者正在计划之中的工作中将知识产权的"范围"予以划定，或者存

[①] 世界知识产权组织编著，郑胜利、王晔主编：《世界知识产权组织知识产权指南——政策、法律及应用》，北京大学国际知识产权研究中心译，知识产权出版社 2012 年版，第 164 页。

有这种企图。这说明,知识产权是一个开放的领域,是一个随着时代的变化而变化的领域,是一个永远无法限定的领域。① 然而,在这种情境下,知识产权边境措施有选择性地针对一些知识产权提供进出境环节的保护,这本身正说明了是国家干预后的选择,是实然而不是应然。

第三,知识产权边境措施的利益平衡机制主要依赖国家干预。

从权利本身来说,就必须有一个制衡的机制。大多数法律制度都在试图对不受约束的个人主义表现加以控制,控制的方式是通过司法判决或立法发展出一种广泛而略失雅致称作"权利滥用"的概念,这种概念认为一项权利即使是被合理地取得,也不能够用来满足与其原始目的相悖的目的。② 而对于知识产权,人类在创设它的同时已经注意到必须采取措施防止对社会所可能造成的危害。有人就提出,如果我们将专有权触角伸到可能利用该项知识产品的任何一个层面,其结果虽然在短期内通过强化保护可能刺激创造的欲望,但是却将人类智慧的共有领域蚕食殆尽,长此以往同样会断送宝贵的创造源泉。③ 这就需要一种知识产权利益平衡机制。

知识产权边境措施的利益平衡是多层次的,但都需要国家的干预才能实现平衡。发达国家与发展中国家之间的平衡,这体现在 TRIPS 协定谈判过程中发达国家与发展中国家的一种平衡,"认识到各国知识产权保护制度的基本公共政策目标,包括发展目标和技术目标",即发达国家意在强化对知识产权的保护,以维护知识财产私有,而发展中国家却淡化知识产权的专有性和排他性,以

---

① 唐广良:《知识产权:反观、妄议与臆测》,知识产权出版社 2013 年版,第 10 页。

② [美]埃尔曼:《比较法律文化》,贺卫方、高鸿钧译,生活·读书·新知三联书店 1990 年版,第 76 页。

③ 刘剑文:《知识经济与法律变革》,载《北大法律评论》第 5 卷,法律出版社 2002 年版,第 79 页。

便于他人实施。① 也有私权与公权之间的平衡。例如,TRIPS 协定序言中规定,认识到知识产权属私权,之所以言明知识产权是私权,是为了强调希望知识产权私人所有人通过行政和司法程序来执行他们的知识产权,并且不希望政府(在该协议所规定的一些有限例外之外)"监控"知识产权执法。② 还有边境措施本身公平与效率的平衡,也就是说,为了不给正常的国际贸易带来影响,使进口货物能够迅速、适当、合法地通关,也不能忽视海关工作人员是否拥有能够准确、迅速地认定权利侵害存否的能力、时间、人数等方面的客观限制因素。③

二、ACTA 边境措施权利导向的新变化:"私权至上"

知识产权边境措施的出现使得受其保护的知识产权产生了私权公权化的特征。从整体上说,以 TRIPS 协定为代表的边境措施在天平两端努力维持着私权化的知识产权与社会公共利益之间的相对平衡。正如有人所称,TRIPS 协定在私权与公共义务之间试图达成权利义务的平衡,以确保所有人能够从社会与文化的发展中受益。④但是,ACTA 并没有在维持平衡的路线下继续前进,而是掉转头来,以知识产权权利持有人为中心重新建构实体与程序的规则,从而向着全面有利于知识产权权利持有人的方向高歌猛进,呈现出了"私权至上"的权利导向。我们在前文详细介绍 ACTA 边境措施实体规则与程序

① 吴汉东:《关于知识产权私权属性的再认识——兼评"知识产权公权化"理论》,载《社会科学》2005 年第 10 期。

② [美]弗雷德里克·M.阿伯特、[瑞士]托马斯·科蒂尔、[澳]弗朗西斯·高锐:《世界经济一体化进程中的国际知识产权法》(上册),王清译,商务印书馆 2014 年版,第39 页。

③ [日]田村善之:《日本知识产权法》,周超等译,知识产权出版社 2011 年版,第543 页。

④ Pascal Lamy, "Trade-Related Aspects of Intellectual Property Rights-Ten Years Later", *Journal of World Trade*, October 2004, p.925.

规则的时候,就已经充分感受到了制度的设计者们对于知识产权权利持有人的偏爱,甚至于在有些时候,不加任何掩饰地将这种偏爱展现在众人面前。我们大致可以归纳为如下的三种主要手段:

第一,ACTA 实质性地增加了有利于知识产权权利持有人的实体规则。

例如,对于知识产权权利持有人来说,边境措施适用的范围越广就越有利,但是出于利益平衡的考量,TRIPS 协定的国际公约以及各国都会作出一些限制,以避免过于向知识产权权利持有人倾斜。ACTA 边境措施适用的范围删除了 TRIPS 协定赋予成员方选择性义务的规定,将版权和相关权利、商标、地理标识、工业设计以及集成电路布图设计全部界定为成员方强制性保护义务,从而大幅度地增加边境措施强制适用的知识产权种类。又如,ACTA 巧妙地通过改变判断依据法律的方式,从原先单纯依赖"进口国"增加到"进口国、出口国、过境国",以一种李代桃僵式的手法拓展了"假冒商标货物"与"盗版货物"的内涵,权利持有人的利益受到保障的可能性从一个国家演变成三个国家。因此,"ACTA 谈判方所重视的并不是利益平衡,他们迫切地准求对知识产权权利人的高保护,如果同时强调利益平衡,那必然要赋予成员更大的立法灵活性。这与 ACTA 的立法宗旨是相悖的。"①

第二,ACTA 实施有利于知识产权权利持有人的边境措施保护标准。

站在知识产权权利持有人的立场上看,保护标准越高就意味着其拥有的知识产权的价值越高,就越有可能给其带来经济上的收益。TRIPS 协定也允许成员方在其基础上提供更高标准的保护,ACTA 在这方面做足了文章。例如,在提交担保环节,ACTA 一方面规定被

① 毛金生等:《国际知识产权执法新动态研究》,知识产权出版社 2013 年版,第95 页。

申请人只有在例外情况下或者依据司法命令,在提交担保书或其他担保时才能够获得涉嫌侵权的货物,从而将 TRIPS 协定中的反担保规定从一般原则改变为例外原则,这种性质的转变给被申请人增加更多的困难,反过来就给权利持有人带来了便利;另一方面,ACTA 在担保形式上增加了担保书的适用,减轻了权利持有人资金上的压力,申请人获得批准的概率当然也就得到了提升,这也是对知识产权权利持有人有利的一面。

第三,ACTA 转移或降低了知识产权权利持有人的维权成本。

既然承认知识产权为私权,就表明权利的取得需要权利持有人自己提出申请,程序的发起主要是权利持有人自行启动,权利的具体利用以及如何利用也取决于权利持有人自身,这一切都必须付出相应的维权成本,也使得权利持有人不能够任性地随意发起程序,减少了浪费国家行政资源的可能性。但是,ACTA 通过制度设计,将知识产权权利持有人的维权成本要么转移给社会公共资源承担,要么予以降低。例如,在发起程序环节,ACTA 扩大了主管机关依职权发起程序的适用,将主管机关依职权发起程序的义务从选择性改为强制性,甚至在 TRIPS 协定并未涉及的转运环节,权利持有人与主管机关也可以发起程序。对于是否采取边境措施的问题,ACTA 彻底交给了海关当局主观上的自由裁量,而不需要一种客观上的标准限制。海关当局只要怀疑货物侵权,就可以采取中止货物放行的边境措施。不仅如此,ACTA 还很贴心地豁免了主管机关依职权发起程序可能引发的任何后果,理论上后者就可以毫无顾虑地采取边境措施,如果产生了不利后果也是由相关货物的进出口商承担,知识产权权利持有人只会是坐收渔翁之利。

三、ACTA 边境措施权利导向的双重逻辑

ACTA 边境措施打破了 TRIPS 协定在私权化的知识产权与社会

公共利益之间的平衡,将知识产权边境措施下知识产权私权公权化的倾向扭转为"私权至上"的权利导向。这个转折的背后有着许多复杂的因素在发挥作用。我们认为,知识产权强国的知识产权公共政策与知识产权利益集团,是 ACTA 边境措施"私权至上"权利导向的双重逻辑。

第一,ACTA 边境措施是知识产权强国知识产权公共政策下的产物。

知识产权无论它怎么称呼,我们最好将它视为公共政策的一种手段,授予个人或者机构一些经济上的特权,以实现更大的公共利益,而这些特权只是一种目标实现的手段,它本身并非目标。① 公共政策是指以政策为主的公共机构,在一定时期为实现特定的目标,通过政策成本与政策效果的比较,对社会的公私行为所作出的有选择性的约束和指引,它通常表现为一系列的法令、条例、规章、规划、计划、措施及项目等。② 知识产权是实现公共政策的一种手段,它不仅仅是一项私权,更与一个国家的公共政策密切相关。国家在知识产权领域尽管不能直接成为市场的参与者,但应当承担起一个政策制定者、市场监督者和全局指挥者的角色。③ 从国家层面而言,知识产权制度是一个社会政策的工具。④ 是否保护知识产权,对哪些知识赋予知识产权,以何种水平保护知识产权,是一个国家根据现实发展状况和未来发展需要而作出的公共政策选择和安排。知识产权政策仅仅是基于一国内部状况的考量。知识产权政策在

---

① 英国知识产权委员会:《知识产权与发展政策相结合委员会关于知识产权的报告》,2019 年 8 月 13 日,见 https://www.iprcommission.org/。
② 吴鸣:《公共政策的经济学分析》,湖南人民出版社 2004 年版,第 4 页。
③ 吴汉东:《中国知识产权的国际战略选择与国内战略安排》,载《今日中国论坛》2006 年第 Z1 期。
④ 刘华:《知识产权制度的理性与绩效分析》,中国社会科学出版社 2004 年版,第46 页。

作为一国独立立法时,政府只需要考虑本国发展状况而自行作出制度安排即可。① 知识产权是产业政策工具,各国表达偏好不是基于道德哲学,而是基于它们是否相信授予或者拒绝授予这些权利会使其本国利益最大化。拥有财力在政治进程中表达需求的大型生产企业往往决定了各国所表达的利益。②

以美国为例,按照其设想,基于 TRIPS 协定下的最惠国待遇原则,美国贸易伙伴与其不求任何回报地对第三国提供知识产权的强保护,不如通过贸易机制要求他国也采取同样的措施,以维持一个公平竞争的贸易环境,避免其他国家因为知识产权的弱保护而获得竞争上的优势。它一直希望贸易伙伴会在以自己为轮轴的贸易协定网络中进一步推广高强度的知识产权保护,但实际情况并非如此。例如,智利与美国和欧盟都缔结自由贸易协定,其中均包含数量不等的TRIPS-Plus 条款,但智利与中国达成的自由贸易协定只是简单地提及遵守 TRIPS 协定;新加坡也未推广《美国—新加坡自由贸易协定》知识产权保护标准,其与新西兰和约旦签署的协定只是提及 TRIPS协定,与韩国、巴拿马的自由贸易协定也不包含专利保护的实体标准;澳大利亚与新加坡、泰国的自由贸易协定也未移植《澳大利亚—美国自由贸易协定》中严格的版权保护规则。上述情况表明,美国利用双边自由贸易协定来促进 TRIPS-Plus 标准的链式反应,促进TRIPS-Plus 规则多边化的努力似乎收效甚微。③

在知识产权国际保护制度形成以后,国内法往往受制于法律一

① 吴汉东:《利弊之间:知识产权制度的政策科学分析》,载《法商研究》2006 年第5 期。

② [美]弗雷德里克·M. 阿伯特、[瑞士]托马斯·科蒂尔、[澳]弗朗西斯·高锐:《世界经济一体化进程中的国际知识产权法》(上册),王清译,商务印书馆 2014 年版,第486 页。

③ Jean-Frederic Morin, " Multilateralizing TRIPS-Plus Agreements:Is the US Strategy a Failure?", *The Journal of World Intellectual Property*, Vol.12, 2009, pp.175-197.

体化潮流的影响。一国制定的知识产权政策就有可能背离或超越"国情",并不一定为立法者带来预期的收益。① 由于参与者绝大多数是发达国家,ACTA 是不会过多地考虑发展中国家的利益的。实际上,ACTA 不断地加强知识产权执法,却对公众利益的保护和知识产权的限制着墨不多。② 鉴于 TRIPS 协定对平衡目标和维护公共利益原则的规定较为宽泛,比较难直接认定 ACTA 项下的 TRIPS-Plus 违反 TRIPS 协定的目标和维护公共利益原则。③ 澳大利亚、新西兰、新加坡、加拿大等提出宗旨性条款建议,指出知识产权的执法必须要有助于促进技术创新以及技术转化和传播,提出缔约成员要采取必要措施来保护公共健康、公共利益,同时需要设置必要且合适的条款阻止权利人对知识产权的滥用。日本、墨西哥、韩国、美国等反对这一条款的加入,欧盟和瑞士也认为此条款建议应予以删除,最终美国阵营与欧盟阵营成功删除此建议条款。

因此,综合审视世界多国知识产权制度演化历史和知识产权国际保护发展历史,可以认识到,知识产权制度从来就不是单纯的法律制度:无论是在一国国内,还是在国际上,对知识产权的赋予、保护和限制都与国家产业政策及公共利益考量密切相关,因而会受到多种权利主体、义务主体等因素的制约。在国内,它可以表现为多种权利主体和义务主体之间的利益冲突与协调,在国际上则表现为国家利益的冲突与共存。或言之,虽然从表面上看,知识产权是一种私权,是属于知识产权所有人的无形财产权,但从宏观角度视之,知识产权制度的设置和运行关系到一个国家公共政策的选择,与当时的社会需求不可分割。无论是国内知识产权制度建设还是国际知识产权保

---

① 吴汉东:《利弊之间:知识产权制度的政策科学分析》,载《法商研究》2006 年第 5 期。

② Jeremy Malcolm,"Public Interest Representation in Global IP Policy Institutions", *American University Washington College of Law*, No.9, 2010, p.22.

③ 张磊等:《〈反假冒贸易协议〉研究》,载《河北法学》2013 年第 11 期。

护框架构建,相关国内法或国际条约的制定、执行和演变,均受制于多种权利主体、义务主体和其他社会因素或国际因素,它们的纵横交错就促进了知识产权政治的产生。①

第二,知识产权利益集团大力推动了 ACTA 边境措施的出台。

目前,国际知识产权边境保护的趋势主要表现在发达国家不断在各个场所同步推行超 TRIPS 知识产权边境保护标准。② 表面上看,知识产权国际协调的主体是国家和政府,实际上它们只是代理人,而幕后真正的操作者则是寻求知识产权利益的跨国公司。③ 正如有人所言,以 TRIPS 协定为代表的国际知识产权保护体系的价值不可能是代表国际社会全体利益的,它是为在国际关系中处于主导地位的发达国家的利益而制定的,而发达国家的利益恰恰又主要体现知识产权强势的私人部门的利益。④ 对于发展中国家来说,仍然把所有发展中国家(无论其大小和民族)捆绑在一起的绳索就是它们共同憎恶并希望改变北方国家所设定的、强加的和维持的大西洋世界霸权秩序。这一秩序发端于殖民和帝国主义时代,表现形式繁杂多样,到 21 世纪时获得制度化和结构化的扩张。它提出了发达国家自己的国家发展议程,该议程系依其政治利益和地缘政治目标而设定,并受到跨国企业、公司和金融利益机构(事实上就是以国家企业为轴心)的影响和驱动。⑤ 在 WTO 框架下,西方国家和跨国公司主要是依赖其在知识产权方面的绝对优势,保持了它们在国内外市

---

① 刘银良:《国际知识产权政治问题研究——以中美知识产权争端为视角》,知识产权出版社 2014 年版,第 2 页。

② 余敏友等:《知识产权边境保护——现状、趋势与对策》,载《法学评论》2010 年第 1 期。

③ 朱淑娣主编:《中美知识产权行政法律保护制度比较——捷康公司主动参加美国 337 行政程序案》,知识产权出版社 2012 年版,第 66 页。

④ 贺小勇等:《WTO 框架下知识产权争端法律问题研究——以中美知识产权争端为视角》,法律出版社 2011 年版,第 15 页。

⑤ Branislav Gosovic:《南方国家重整旗鼓与全球南北关系的重塑》,张泽忠译,陈安主编:《国际经济法学刊》第 22 卷第 3 期,北京大学出版社 2016 年版,第 246 页。

场的领先地位和产业链条的高端,取得了高额垄断利润。[①]

　　知识产权利益集团是一个相对宽泛的概念,有趣的是,知识产权强国的知识产权利益集团并不是对任何问题上都保持一致立场。例如,在 ACTA 边境措施范围谈判时,以欧盟为首的阵营与以美国为首的阵营形成了对峙,任何国家都不希望 ACTA 超出本国国内法的保护范围。美国坚持 ACTA 的保护范围仅限于"商标和版权及其邻接权",但欧盟因为自身拥有数量可观的地理标志而希望将保护范围扩大为"知识产权"。最终在序言上,以欧盟为首的谈判阵营获得胜利,ACTA 的保护范围扩大至全部"知识产权"。欧盟及瑞士建议,边境措施的规制范围包括"任何侵犯知识产权的产品",但各成员方有权将除商标、版权、地理标志之外的其他知识产权排除在此范围之外。欧盟的这一个建议将地理标志这个非传统知识产权概念与商标权、版权概念等同视之。地理标志长期以来饱受争议。在 WTO,欧盟一直要求提高葡萄酒和烈性酒(已经享有相对高水平的保护)之外的农产品地理标志的保护水平,但该请求遭到美国等国的抵制。欧盟生产的特有农产品成本高,想通过保护这些产品的地理标志而获得更高的产品价格。美国总体农产品的生产价格低,担心更严格保护地理标志会造成潜在的市场准入限制。在这场关于地理标志的争论中,其他国家支持一个还是另一个"阵营",一方面主要取决于它们是不是大规模的高效农业生产国,另一方面主要取决于它们是不是特种小众产品生产国。[②]

　　从 ACTA 谈判结果看,欧盟在适用范围上无疑取得了最大的胜利,在边境措施这一节也不例外。条文适用了"知识产权",但美国

---

① 郭民生、郭铮:《"知识产权优势"理论探析》,载《知识产权》2006 年第 2 期。
② 〔美〕弗雷德里克·M.阿伯特、〔瑞士〕托马斯·科蒂尔、〔澳〕弗朗西斯·高锐:《世界经济一体化进程中的国际知识产权法》(上册),王清译,商务印书馆 2014 年版,第15—16 页。

以脚注的形式提出意见——不包括专利与未披露信息。有人指出，ACTA 谈判表面上展示的是欧盟基本人权与知识产权的博弈，而实际上，公众不过是台上表演的木偶，背后的推动力量仍旧来自利益团体。这场较量的主场并不是公共利益与知识产权权利人，而是权利的享有者与义务的承受方，网络新生力量就是义务的承受方，最终扼杀这一条约的不是发展中国家的反对，而是缔约方内部利益集团的努力。①

因此，有人声称，我们调查的结果表明，政府很少在知识产权问题上运用"成本—效益"分析方法。我们今天所看到的知识产权标准，大部分是极少数公司和商业组织实施其全球战略的杰作，这些公司和商业组织比其他任何人更早认识到知识产权的价值。② 知识产权规则和保护具有道德的成分，更具有功利的因素。知识产权国际规则更是利益博弈的产物，甚至是政府乃至私人企业（利益集团）推进经济利益的产物，是以规则的形式追求私人企业利益最大化的结果，主导或者推动条约谈判的政府无非是其私人利益集团的代言者。在知识产权保护与国际贸易和投资关系日益紧密的现代，知识产权国际规则的制定更是如此。③

---

① 左玉茹：《ACTA 的落幕演出》，载《电子知识产权》2013 年第 Z1 期。
② ［澳］彼得·达沃豪斯、约翰·布雷斯韦特：《信息封建主义》，刘雪涛译，知识产权出版社 2005 年版，序言"致中国读者"。
③ ［美］苏珊·K. 塞尔：《私权、公法——知识产权的全球化》，董刚、周超译，中国人民大学出版社 2008 年版，第 3 页。

第四章　中国知识产权海关保护制度的创新：中性化、现代化与国际化

近年来,党中央、国务院将知识产权保护放在前所未有的高度上加以重视。党的十八大明确提出要"实施知识产权战略,加强知识产权保护",党的十八届三中、四中、五中全会分别提出"要加强知识产权保护"、"完善知识产权保护制度"及"深化知识产权领域改革"。国家"十三五"规划提出要"建设知识产权强国",要实现这些目标,必须加大知识产权保护力度,完善知识产权保护制度,激发全社会的创新活力。习近平总书记在党的十九大报告中,提出"倡导创新文化,强化知识产权创造、保护、运用",并强调"加强知识产权保护是完善产权保护制度最重要的内容,也是提高中国经济竞争力最大的激励"。[①] 海关作为进出境监督管理机关,是国家知识产权保护体系中的重要环节。二十多年的执法实践证明,知识产权海关保护在维护公平有序的国际贸易秩序、引导企业守法经营和自主创新、推进国家出口名牌战略实施、维护中国产品国际声誉等方面发挥了十分重要的作用,与国内生产、市场流通等环节的知识产权保护执法一起,形成中国知识产权保护的有机整体。

另外,以 ACTA 为代表的知识产权边境"第四种体制"已经搁

---

① 习近平:《开放共创繁荣　创新引领未来——在博鳌亚洲论坛 2018 年年会开幕式上的主旨演讲》,载《人民日报》2018 年 4 月 11 日。

浅,但其背后的主导力量绝不会善罢甘休,一定会借助于体制转换的办法卷土重来。知识产权边境保护标准日趋严格将是一个在未来确定发生的事实。我们在历史的连续事件中只能看到"趋势"而不能看到"规律",历史必定有多种多样的解释,而且基本上具有同等程序的建议性和任意性。① 中国现在正处于从知识产权大国迈向知识产权强国的过渡期,要想尽快实现建设成为具有国际影响力的知识产权强国的伟大目标,就要求中国不能仅仅停留在考虑如何应对知识产权边境措施趋于严格带来冲击的层次上,而是要站在建设知识产权强国的立场,来推动中国知识产权保护制度的创新。中国知识产权海关保护制度下一步的创新需要紧密配合国家整体知识产权发展战略,需要符合基本国情的变化,需要能够推动经济与对外贸易的发展,而不能局限于对某项或一些具体制度的完善。

第一节　调整定位:知识产权海关保护制度的"中性化"

一、中国知识产权国际保护制度的基础定位及表现

发达国家与发展中国家的分类始于 20 世纪 60 年代,但并没有一个公认接受的定义。各国与国际组织分别从自身角度,结合经济社会发展程度与居民生活水平,给出了发达国家与发展中国家的标准。一般认为,发达国家和最不发达国家②的群体较为明确,中间即

---

① 　[英]卡尔·波普:《历史决定论的贫困》,杜汝楫、邱仁宗译,华夏出版社 1987 年版,第 95—121 页。

② 　最不发达国家一般以联合国贸易与发展会议发布的报告《2018 年最不发达国家报告:创业促进结构转型》(*The Least Developed Countries Report 2018*)为准。报告显示,联合国认定的最不发达国家有 47 个,其中非洲 34 个,亚洲 9 个,大洋洲 3 个,北美洲 1 个。这些国家拥有超过 10 亿人口,占全球比重约为 13%,但 GDP 总和全球占比仅为 1.3%,对外贸易总额全球占比仅为 1.1%。

是广大的发展中国家群体。因此,发展中国家是一个内涵极为丰富的概念,包括政治、经济、文化、科学研究等多方面。主要国际组织普遍将中国划入发展中国家的组别内。① 正如党的十九大报告指出,中国是世界上最大发展中国家的国际地位没有变。这是从综合整体角度对中国做的一个正确评价,也顺理成章地延续到中国知识产权保护问题上的发展中国家定位,并主要有以下三种表现。

(1)认为知识产权保护存在发达国家与发展中国家"二分对立"的分类

第一,知识产权可以分为发达性知识产权与发展性知识产权两种,前者是发达国家有比较优势的专利权、商标权、版权、地理标志权等;后者是发展中国家有比较优势的传统知识、民间文艺、遗传资源等,保护的时间历史比较短,有的还游离于国际知识产权法律之外。通常情况下,发展中国家的发展性知识产权,由于技术、经济和创新能力的局限以及法律的缺漏和滞后,被发达国家低成本甚至无偿掠夺,损害了发展中国家的企业安全和产业安全,甚至国家经济安全。② 第二,知识产权国际保护存在着发达国家与发展中国家两个阵营,发达国家利用知识产权制度进行"圈地运动",发展中国家与最不发达国家因能力不足受到钳制。③ 对于发展中国家而言,最优的知识产权制度可能会与大部分发达国家有较大差别,强化知识产权制度充其量只是一个分配问题,发达国家的企业以牺牲发展中国家的消费者福利和降低市场竞争强度获取知识产权的租金。④ 发达

① 张久琴:《对中国"发展中国家"地位的再认识》,载《国际经济合作》2018 年第 11 期。

② 王振宇:《中国知识产权法律发展研究——基于维护国家经济安全的视角》,社会科学文献出版社 2014 年版,第 2—3 页。

③ 冯晓青、周贺微:《公共领域视野下知识产权制度之正当性》,载《现代法学》2019 年第 3 期。

④ 迪恩·贝克、阿尔琼·佳亚德福、约瑟夫·斯蒂格利茨:《创新、知识产权与发展:面向 21 世纪的改良战略》,周建军、施蒙译,载《政治经济学季刊》2019 年第 1 期。

国家与发展中国家两个阵营均对现行知识产权国际规则表示不满，都在争夺知识产权国际规则制定的话语权，并力图重构知识产权国际保护体系。① 第三，在知识产权边境措施上，发达国家与发展中国家差异非常明显。一方面，几乎所有国家知识产权立法都必须遵循TRIPS协定的"最低保护标准"，意味着知识产权保护原则与基本规范保持一致，实质反映了高度扩张的权利范围与高水平的权利保护，在许多方面都超越了发展中国家的经济、科技与社会发展阶段，更多地顾及发达国家的要求与实践。② 另一方面，作为反制措施，发展中国家针锋相对地提出了保护现代文化及高技术之源的问题，结果与发达国家在"源"上的智力成果与在"流"上的智力成果的"两端"上不断争论着，令人遗憾的是，从总体制度的层面发展中国家对此的抗争从未奏效过。③

（2）站在发展中国家或者新兴经济体的立场上去看待知识产权保护问题

中国是一个传统的发展中国家，也是一个新兴的工业化国家，必须妥善与有效地处理发展中的知识产权问题。④ 从总体上说，中国始终秉持发展中国家的立场，与发展中国家站在一起，努力将本国利益与发展中国家的普遍诉求协调一致。发达国家与发展中国家虽然互相对峙，甚至有时候出现走向僵化的趋势，但双方还是必须在互相博弈的同时尽可能地寻求最大限度的共识与合作。TRIPS协定为各国知识产权保护提供了共同的规则，但不同发展程度的国家对于知

---

① 陈绍玲：《建设知识产权强国：中国面临的国际规则挑战及对策》，载《党政视野》2016年第10期。

② 吴汉东：《利弊之间：知识产权制度的政策科学分析》，载《法商研究》2006年第5期。

③ 郑成思：《信息、知识产权与中国知识产权战略若干问题》，载《环球法律评论》2006年第3期。

④ 吴汉东：《知识产权法的制度创新本质与知识创新目标》，载《法学研究》2014年第3期。

识产权理解与诠释有着各自的自主话语权。① 从某种意义上说,这是一个国家和民族知识产权制度安排的话语权力。② 所以,在发展中国家定位的大原则下,相对务实则是中国知识产权保护制度的鲜明特点。知识产权国际保护"利弊兼存",完全做到"兴利除弊"并不现实,"趋利避害"是更加务实的政策定位。在知识产权法律制度的各个运行环节,最终效果极大地取决于各国的制度驾驭能力,这就要求在中国国家知识产权战略制定过程中,始终紧扣知识产权法律制度这一"着力点",力求取得预期效果。③ 中国如果只是坚持 TRIPS协定"最低保护标准"的底线,不参与也不过多讨论超出标准以及WTO框架之外知识产权协定的谈判,将会面临巨大的国际压力,有时不得不冲破底线被动提高保护水平;如果继续对重大知识产权问题的国际谈判"冷处理",中国面对最终谈判结束的文本只能选择"要么接受要么离开",国内的政策空间也会受到极大的压缩。因此,中国知识产权执法水平问题在外交立场上应表明打击假冒和盗版的决心,在谈判中秉持一种更加开放和务实的态度,在知识产权执法的敏感问题上坚持 TRIPS 协定"最低保护标准"的底线。④

也有学者倡导在国际知识产权问题上的"自由(主义)的"偏见,认为与这种滥俗的批评相对的是,知识产权在中国和其他新兴经济体中的执法不力并不能归为"法治"事业的青涩表现或意外事故;它也不是法律制度不成熟的象征。倒不如说知识产权保护的低水平形式代表着激烈而鲜活的市场经济竞争,如果把互联网时代全球资本

---

① 吴汉东:《新时代中国知识产权制度建设的思想纲领和行动指南——试论习近平关于知识产权的重要论述》,载《法律科学(西北政法大学学报)》2019 年第 4 期。

② 编者按:《知识产权的共同规则与自主话语》,载《中国社会科学》2011 年第 5 期。

③ 朱谢群:《中国知识产权发展战略与实施的法律问题研究》,中国人民大学出版社2008 年版,第 197 页。

④ 毛金生等:《国际知识产权执法新动态研究》,知识产权出版社 2013 年版,第 54—55 页。

主义的新趋势考虑在内的话,这种形式甚至可以说展现出法律系统较高的成熟度。成功的新兴经济体拒绝保护水平较高的既有知识产权体制,这无可置疑地证明了我们过去所知道的那种知识财产正在死去。保护水平较低的知识产权形式的法律体制呼之欲出。这种新的法律体制也将代表"法治"信仰的深刻修正。这种修正主义必须在新普世主义的基础上往前推进,重新焕发"所有人的、又为所有人的"使命。①

(3)作为发展中国家的代表或者联合其他发展中国家去主张知识产权利益

中国虽然是发展中国家的角色定位,但显然不能等同于一般的发展中国家,而是最大的发展中国家。按照惯常逻辑,最大的发展中国家自然是发展中国家的代表。中国作为最大的发展中国家应当积极参与知识产权国际规则的调整。② 一般来说,发展中国家参与国际知识产权贸易谈判有四种策略,分别是建立知识产权发展同盟,以民主和平衡的方式进行知识产权谈判;发展国内产业磋商和咨询体系,保障良好的谈判决策;充分参与关注可持续发展的国际组织和智库的活动以及制定区域贸易协定知识产权谈判的内部指南等。③ 相对来说,中国主要在知识产权谈判同盟方面有较多的表现:第一,在国际层面设置更多有利于发展中国家的议题,以此来遏制知识产权强国在知识产权国际保护方面的单边主义。④ 例如,在 ACTA 谈判中,中国拒绝单独讨论或者表达不加入的态度,重申应当在 WTO 和

---

① 冯象:《知识产权的终结——"中国模式"之外的挑战》,李一达译,载张玉敏主编:《西南知识产权评论》第四辑,知识产权出版社 2014 年版,第 14 页。

② 贺小勇等:《WTO 框架下知识产权争端法律问题研究——以中美产权争端为视角》,法律出版社 2011 年版,第 316 页。

③ 李晓玲、陈雨松:《国际知识产权贸易谈判的新方略》,载《环球法律评论》2011 年第 1 期。

④ 陈绍玲:《建设知识产权强国:中国面临的国际规则挑战及对策》,载《党政视野》2016 年第 10 期。

WIPO 框架下讨论知识产权的执法问题,阐述中国知识产权立法和执法标准已经完全符合甚至在某些地方超过 TRIPS 协定的标准。如果无法回避讨论,中国应当以 ACTA 缺乏透明度为由,要求对方对 ACTA 的立法背景、术语含义和可能影响等进行逐一的、详细的解释和说明,以便中国理解和讨论 ACTA。① 第二,为防止发达国家操控知识产权边境保护国际立法,中国积极参与各个场所的谈判,联合更多广大发展中国家,共同抵制发达国家超 TRIPS 协定标准的推行。② 如果中国加入 ACTA,是对这种恶劣的立法做法的默认和妥协,不仅不会得到发达国家的真正认同,反而会脱离广大发展中国家的阵营,遭到真正的孤立。③ 与此同时,中国联合其他发展中国家一致对 ACTA 提出质疑,确立抵制立场,实施联合抵制策略,使各方回到 WTO 这个唯一的多边谈判场所,通过多边磋商和协作解决有关知识产权国际保护的问题④,并与立场相似的印度与巴西积极协调,增加集体谈判力量,坚守发展中国家的谈判底线,防止被发达国家逐个击破,分化瓦解。⑤ 事实上,也仅有中国与巴西、印度等有影响力的大国,成功使用 TRIPS 协定下灵活性政策抵制了 TRIPS-Plus 的规定,对冲掉报复性威胁。⑥

二、中国知识产权海关保护制度告别发展中国家定位的必要性

中国知识产权保护制度之所以选择发展中国家的定位,除受国

① 袁真富、郑舒姝:《〈反假冒贸易协定〉(ACTA):制度评价及其国际影响》,载《国际贸易问题》2012 年第 7 期。

② 余敏友等:《知识产权边境保护——现状、趋势与对策》,载《法学评论》2010 年第 1 期。

③ 葛亮、张鹏:《〈反假冒贸易协议〉的立法动力学分析与应对》,载《知识产权》2014 年第 1 期。

④ 尚妍:《〈反假冒贸易协定〉边境措施研究》,载《现代法学》2012 年第 6 期。

⑤ 张磊等:《〈反假冒贸易协议〉研究》,载《河北法学》2013 年第 11 期。

⑥ 迪恩·贝克、阿尔琼·佳亚德福、约瑟夫·斯蒂格利茨:《创新、知识产权与发展:面向 21 世纪的改良战略》,周建军、施蒙译,载《政治经济学季刊》2019 年第 1 期。

家整体定位影响外,一个重要原因在于知识产权制度对于中国而言完全是一个新生事物。虽然有人认为,中国版权立法建制保护时间较晚,但中国是印刷术发明的故乡,是版权元素的起源地和摇篮地,这是毋庸置疑的。因此,中国版权的源头应该追溯到先秦。① 但在很大程度上,共识是由于中国政治文化的特性,古代中国并未能发展出自身的知识产权法。② 中国社会的知识产权思想很大程度上是在应对西方列强政治压力下的知识产权利益诉求的应激性认识和反馈中产生的。③ 晚清中外首次知识产权的谈判及其所签订的条约将知识产权法律制度引进中国,条约所达成的承诺,成为中国接受西方知识产权理念和法律制度的一个重要起因,但知识产权被输入到中国后,基本上没有发挥出鼓励创新、推动科技进步的作用,却成为保护知识产权强国在华延伸其知识产权利益、增强其竞争力的手段。④ 中国的第一部著作权法律诞生于外国压力下,结果根据中国的著作权法,外国人却享有比中国本国国民更大的法律保护。⑤

因此,中国知识产权保护制度从接受的一开始就打上了"知识产权是舶来品"的深深烙印。改革开放后进行的知识产权法律重建工作,与其说是来自知识产权保护自身的需要,不如说是由于外来经济和政治压力的结果。⑥ 知识产权不仅仅是法律问题,也是一个浓厚政治色彩的问题。它决定了中国必须且只能选择发展中国家的身份,也使得中国能够以一种相对较低的成本获得自身发展所必需的

---

① 李明山主编:《中国古代版权史》,社会科学文献出版社 2012 年版,第 3—12 页。

② William P.Alford, *To Steal A Book Is An Elegant Offense*:*Intellectual Property Law In Chinese Civilization*,Stanford:Stanford University Press,1995,p.2.

③ 杨利华:《中国知识产权思想史研究》,中国政法大学出版社 2018 年版,第 3 页。

④ 王黎明:《最初的交锋——中外首次知识产权谈判》,知识产权出版社 2008 年版,第 187—234 页。

⑤ Andrew C. Mertha, *Politics of Piracy*:*Intellectual Propertu in Contemporary China*,Ithaca:Cornell University Press,2007,pp.118—119.

⑥ 曲三强:《被动立法的百年轮迴——谈中国知识产权保护的发展历程》,载《中外法学》1999 年第 2 期。

外部知识。近些年来,中国经济发展水平发生了巨大变化,直接影响到知识产权保护制度。早在2002年,中国知识产权保护实际水平已经达到部分发达国家的水平,加强执法力度是现阶段中国加强知识产权保护的有效手段。[①] 知识产权保护制度外部环境国际经济秩序从打破旧秩序、建立新秩序演进到国际秩序治理。更重要的是,中国在双边自由贸易协定中的一系列最新变化,加速推动知识产权海关保护制度出现背离发展中国家定位的趋势,表明已经到了告别单纯发展中国家定位的时机了。

(1)中国知识产权保护制度所主要依据的经济发展水平突飞猛进

改革开放40多年来,中国知识产权保护制度所主要依据的经济发展水平发生了翻天覆地的变化,综合国力与知识产权制度重建以来完全不能同日而语,货物贸易总量跃居世界前列,已经出现了大规模的资本、产业和技术向海外输出的趋势。中国是处于这一种"新兴的潜在超级大国"(superpower)的地位上。[②] 知识产权整体水平有了巨大的进步。知识产权拥有量大幅增长,中国已经成为名副其实的知识产权大国。2007年至2017年,国内有效发明专利拥有量从8.4万件增长至135.6万件,居世界第三位。有效注册商标总量从235.3万件增长至1492万件。著作权年登记量从15.9万件增长至274.8万件。植物新品种、地理标志、集成电路布图设计等数量大幅增长。[③] 从横向比较看,2017年中国专利申请量增长了14.2%,商标

---

① 韩玉雄等:《关于中国知识产权保护水平的定量分析》,载《科学学研究》2005年第3期。

② Stephen G. Brooks, William C. Wohlforth, "The Rise and Fall Great Power in the Twenty-First Century:China's Rise and the Fate of American's Global Position",*International Security*, Vol.40, No.3, 2016, p.43.

③ 国家知识产权局举行2019年第二季度例行新闻发布会,2019年4月25日,见 http://www.gov.cn/xinwen/2019-04/25/content_5386282.htm#1。

申请量增长了 55.2%。这些高增长率推动中国在全球专利申请和商标申请活动中的份额分别达到 43.6% 和 46.3%。[①] 时任 WIPO 总干事的阿帕德·鲍格胥博士在回顾该组织与中国合作 20 年的历史时指出,中国用了不到 20 年的时间,走过了西方国家一两百年才能够完成的知识产权立法进程,这个成就是举世瞩目的。[②]

与此同时,中国知识产权保护的水平也不断提升。中国大陆地区 2010 年知识产权立法保护指数为 4.08,较世界平均水平 3.38 高出 20.7%,世界排名第 35 位,在发展中国家中居于前列,甚至高于新西兰、中国香港地区等少数发达国家与地区,较"金砖四国"中的其他三国——印度(3.76)、俄罗斯(3.68)、巴西(3.59)都要高出不少。由此可见,中国大陆地区的知识产权保护在立法层面已达到较高的水平。从知识产权执法力度来看,中国大陆地区 2010 年知识产权执法力度综合指数仅为 0.43,比世界平均水平 0.53 还要低,列全球第 92 位,在"金砖四国"中低于巴西(0.49),略低于印度(0.44),高于俄罗斯(0.39)。中国大陆地区知识产权实际保护水平为 1.75,列世界第 48 位,远低于发达国家水平,甚至略低于世界平均水平(1.83)。[③]

经济发展水平的突飞猛进是否意味着中国已经不是发展中国家了呢? 中国整体上仍然是一个发展中国家,在人类发展水平上仍然有很大的提升空间。这种发展的不平衡和不充分,正是中国作为一个发展中国家的特征。所以,观察和判断中国在发展过程中所处的阶段,不能只从局部取得的成就上看,还必须从整体上看存在的不足,才能做出客观的判断。[④] 这并不掩饰中国作为最大发展中国家的非典型特征,即发展指标的内在失衡。中国科技经济发展既具有发展中国

---

① WIPO,"World Intellectual Property Indicators 2018",p.5.

② 国家知识产权局:《1994 年中国知识产权保护状况》。

③ 詹映:《中国知识产权合理保护水平研究》,中国政法大学出版社 2014 年版,第 197—198 页。

④ 刘伟等:《如何看待中国仍然是一个发展中国家?》,载《管理世界》2018 年第 9 期。

家的一般属性，又具有发达国家的显著特征，既领先于发展中国家，又未能跨入发达国家行列，是处于发达国家与发展中国家之间的一种状态。① 中国发展中国家身份某种程度上正在淡化——包括真实和想象的两个方面。② 当我们提及发展中国家，更多的是指那些在发达国家与最不发达国家之间的那个庞大群体而已。从知识产权利益的角度，它们显而易见仍然有一定的契合性，但远没有或者根本不可能达到一致的程度，与其说知识产权保护制度中发展中国家是一种约定俗成的称谓一直延续至今，倒不如说它是一个并不代表利益共同体的泛指。所以，当我们说中国知识产权保护制度属于发展中国家定位的时候是很难找到一个具体的利益指向的。在国际知识产权政治交往中，中国要采取合理的国际知识产权策略，就需要有明确和相对稳定的国家定位，否则就可能先后表现不一，难以得到他国信赖，也难以在需要的时候结成战略联盟完成利益诉求。结合当前国情和今后的国家发展目标，中国显然不能长期停留在发展中国家的定位上。③ 定位不准也给实践带来了困难。例如，中国在对外知识产权谈判中存在着立场模糊，甚至时常面临不知道如何表态的尴尬境地。④

（2）中国知识产权保护制度的外部环境国际经济秩序的演进

从外部环境看，中国知识产权保护制度是构建在这样的一种情势上：现有知识产权国际保护机制是国际经济秩序的组成部分，发达国家在努力进行国际协调和国际通用制度的构筑，⑤一系列知识产

---

① 徐元：《中国参与知识产权全球治理的立场与对策》，载《国际经济法学刊》2018年第4期。

② 张春：《新时代中国与发展中国家关系的挑战与应对》，载《太平洋学报》2018年第7期。

③ 刘银良：《国际知识产权政治问题研究》，知识产权出版社2014年版，第307页。

④ 徐元：《中国参与知识产权全球治理的立场与对策》，载《国际经济法学刊》2018年第4期。

⑤ ［日］田村善之编：《日本现代知识产权法理论》，李杨等译，法律出版社2010年版，第324页。

权国际公约的生效就是最好的例证。国际经济新秩序意味着更多体现发展中国家利益诉求的知识产权国际保护机制。知识产权国际保护体系不应成为南北国家分离的争斗场,更不能是个别国家进行制度强加、规则主导的霸主台。① 中国一直呼吁建立国际经济新秩序,推翻国际经济旧秩序,实际上也就是构建起发展中国家定位的知识产权国际保护机制。但是,中国"入世"谈判的结果表明我们并没有建立起国际经济新秩序,而是适应"旧的"国际经济秩序。如果说这是国际经济新秩序的话,那也只能说是反映了发展中国家大国的利益,很难代表着全体发展中国家的共同利益。②

现今的规则导向的国际经济秩序,从本质上看,依旧是以"实力"为基础的。既然是以实力为基础,那么就必然会更多地反映强国的意志,更加符合强国的利益。③ 发展中国家想通过单方面的努力改变国际经贸关系,在既不能达成共识,也不能达成具有普遍约束力的法律规则的情况下,最终的结果只能是,建立国际经济新秩序的努力以失败告终。④ 它并不是发展中国家所曾寻求的低层次的"国际经济新秩序",而是一个由中国带头的新兴经济体的强大集团代表新兴力量一方,西方国家集团代表传统保守一方,在冲突和妥协中构建未来的国际经济法律秩序,共创国际经济法新规则。⑤ 因此,国际经济秩序演进的历史充分说明,中国在发达国家与发展中国家互相斗争的国际经济秩序中并非当然的发展中国家角色定位,而实际上是所谓的国际经济旧秩序的既得利益国。由于中国经济规模特别

---

① 吴汉东:《新时代中国知识产权制度建设的思想纲领和行动指南——试论习近平关于知识产权的重要论述》,载《法律科学(西北政法大学学报)》2019 年第 4 期。

② 何力:《国际经济新秩序的理念和现实》,载《东方法学》2013 年第 2 期。

③ 车丕照:《国际经济秩序"导向"分析》,载《政法论丛》2016 年第 1 期。

④ 韩立余:《中国新发展理念与国际规则引领》,载《吉林大学社会科学学报》2018 年第 6 期。

⑤ 何力:《国际经济法的地缘新格局》,载《政法论丛》2016 年第 3 期。

宏大,冲击着世界经济、贸易、金融和物流的既存分布和模式,已经不能像以往那样作为一般发展中国家加以对待。当今世界除了那些边缘化国家之外的其他国家和经济体,都把中国当作一个必须特殊对待的经济体,很多都在考虑对中国实行特殊的对策。中国的国家利益和一般发展中国家并不一致,反而与发达国家的利益更紧密相连。中国正走向和一般发展中国家乖离的道路。中国的现代化之路,不是要和发展中国家均贫富,而是要将中国建成一个富强的发达国家。①

三、中国知识产权海关保护制度定位的"中性化"

中国知识产权海关保护制度定位虽然受制于知识产权保护发展中国家整体定位的影响,但在实体与程序规则两个层面已经偏离了发展中国家定位。因此,中国知识产权海关保护制度定位一开始就不是纯粹发展中国家定位,而且体现出两面性的特点。与其夸赞地表扬说这是中国实用主义理念下的产物,倒不如说这是缺乏一个知识产权保护制度清晰定位的必然结果。它向国际社会发出了一个模糊的信号:中国知识产权海关保护究竟是何种定位? 在我们看来,这种暧昧态度有时候是懒于深入思考惯性思维的延续,并不一定是真实的想法,有时候是在一种被发达国家排斥后不得不寻找归属情感宣泄支配下的举动。正如有人提出,中国作为专利和商标年申请量世界排名第一的知识产权大国,竟然一直被故意忽略邀请参加ACTA 历时三年左右的谈判,这无疑被排除在知识产权保护的主流国家之外,从理性和情感上都无法令人接受。② 因此,中国需要从知识产权强国建设的高度,重新明确知识产权海关保护制度定位,并确

---

① 何力:《国际经济新秩序的理念和现实》,载《东方法学》2013 年第 2 期。
② 袁真富、郑舒姝:《〈反假冒贸易协定〉(ACTA):制度评价及其国际影响》,载《国际贸易问题》2012 年第 7 期。

立相应的权利导向及建构有力的制度推动定位的贯彻落实。

（1）中国知识产权海关制度的"中性化"——发展中国家发达成员定位

在知识产权海关保护制度定位问题上，中国应当跳出发达国家与发展中国家的笼统分类，也不再受"二分对立"的僵化思维的约束，特别是摒弃那种先入为主的发展中国家身份的代入感与悲情感，站在国家利益的立场，以经济发展水平为主要衡量指标，客观与理性地评估中国知识产权海关保护制度定位。它既不能用发展中国家笼统地概括，也没有达到发达国家的水平，同时又必须意识到发展中国家的国家综合定位的事实，具体来说，笔者认为，发展中国家的发达成员定位是中国知识产权海关保护制度定位的合适选择。

第一，中国知识产权海关保护已经出现了加速背离发展中国家定位的趋势，但远没有达到发达国家知识产权边境措施的水平。中国是一个知识产权大国，但还不是一个知识产权强国。知识产权强国是在世界知识产权创造、运用、保护和管理上总体水平处于领先，在全球竞争中主要依赖知识产权综合和战略优势取得相对强势地位，知识产权制度先进、管理体系高效，对全球知识产权事务发展具有重要影响和引领作用的国家。① 中国正处在从知识产权大国向知识产权强国的过渡期，知识产权大国的复杂国情决定了中国在实施知识产权海关保护时必须顾及知识产权内在发展区域与发展内容的不平衡，这就决定了中国知识产权海关保护制度建设的长期性与复杂性。

第二，在知识产权海关保护制度上，积极协调好与数量众多的发展中国家的关系。发展中国家发达成员的新定位意味着和一般意义上的发展中国家定位有明显的区分度。在这种语境中，还有多少发

---

① 俞文华：《知识产权强国评价体系研究》，知识产权出版社 2016 年版，第 18 页。

展中国家认同中国发展中国家的身份？还会支持中国作为广大发展中国家的代表？还会将中国看作是它们其中的一员？这些问题的答案是很难确定的。因此，我们需要积极协调好与他们的关系。从一般原则上看，我们可以共同发展、共执命运、共享尊严为内核，完善人类命运共同体的理论体系，系统化处理与发展中国家关系的指导思想。① 中国不可能成为美国的追随者，不适宜做发展中国家的领导者，不应该充当坐享其成者。作为一个发展中的新兴大国，中国合理的选择应该是积极协调者。② 在知识产权边境措施的保护标准问题上，南北对立根深蒂固，有时候还有更加尖锐化的可能，但我们不能将这两个群体之间的差异或者矛盾过于"妖魔化"，也不能将它们之间的不同观点与利益诉求简单"符号化"。包括发达国家与发展中国家在内的所有国家，在知识产权国际保护问题上从来都是既斗争又合作，否则无法解释不断生效的国际知识产权公约从何而来了。协调不是仅仅与发展中国家，还包括发达国家。世界上几乎所有国家都对现行知识产权保护制度不满，各方利益始终在不同的分化与组合。近年来在发达国家内部出现的反对知识产权强保护的新兴力量，已经展现出对于发达国家知识产权立法的不容忽视的巨大影响力，在未来谈判中的知识产权议题也极有可能再度面临它的挑战。③

　　第三，我们在知识产权海关制度设计时应当在发展中国家发达成员的定位基础上保持足够的弹性。一方面，着眼于现实的经济发展水平的需要，把出现的世界范围内率先创新的现象考虑成熟后纳入知识产权海关保护范围。例如，北京市海淀区人民法院审理中科

---

① 张春：《新时代中国与发展中国家关系的挑战与应对》，载《太平洋学报》2018 年第 7 期。

② 徐元：《中国参与知识产权全球治理的立场与对策》，载《国际经济法学刊》2018 年第 4 期。

③ 詹映：《〈反假冒贸易协定〉（ACTA）的最新进展与未来走向》，载《国际经贸探索》2014 年第 4 期。

水景公司与中科恒业公司、西湖管理处关于音乐喷泉著作权侵权纠纷案中,在没有立法解释与司法解释的情况下,利用著作权法兜底条款,将不属于著作权法明确列举的作品类型——"喷泉音乐作品"——划归著作权法保护客体范围,从而等于直接创设了新的作品类型。① 另一方面,与中国的国际地位相互适应,而在考虑在国际关系中的需要的时候,不仅要考虑到当前的需要,也要考虑到未来的需要,甚至是未来中国战略转变时的潜在需求,为中国成为知识产权强国留下充足的预留空间。在转型的过程中,中国需要更加积极主动地参与知识产权海关保护制度的构建与推广,努力使自身成为发达国家与发展中国家利益诉求有效沟通的桥梁,避免成为双方均排斥接纳的"第三者"。

(2)中国知识产权海关保护制度发展中国家发达成员定位的建构

知识产权边境措施的出现使得受其保护的知识产权产生了私权公权化的特征。从整体上说,以 TRIPS 协定为代表的边境措施在天平两端努力维持着私权化的知识产权与社会公共利益之间的相对平衡。TRIPS 协定在私权与公共义务之间试图达成权利义务的平衡,以确保所有人能够从社会与文化的发展中受益。② 然而,从长远的趋势来看,全球知识产权保护的"TRIPS+"趋势可能更加符合中国利益,中国长期以来形成的知识产权弱国心态需要改变。③ 知识产权海关保护制度发展中国家发达成员定位的背后将是知识产权权利人占据优势地位的开始。中国知识产权海关保护制度应以知识产权权

---

① 刘文琦:《论著作权客体的扩张——兼评音乐喷泉著作权侵权纠纷案》,载《电子知识产权》2017 年第 8 期。

② Pascal Lamy, "Trade-Related Aspects of Intellectual Property Rights-Ten Years Later", *Journal of World Trade*, October 2004, p.925.

③ 詹映:《国际贸易体制区域化背景下知识产权国际立法新动向》,载《国际经贸探索》2016 年第 4 期。

利持有人为中心梳理实体与程序的规则,向着有利于知识产权权利持有人的方向调整,进一步体现"私权至上"的权利导向。

第一,实质性地增加了有利于知识产权权利持有人的实体规则。例如,对于知识产权权利持有人来说,边境措施适用的范围越广就越有利,但是出于利益平衡的考量,TRIPS 协定的国际公约以及各国都会作出一些限制,以避免过于向知识产权权利持有人倾斜。我们可以在中瑞、中韩自由贸易协定的基础上,删除 TRIPS 协定赋予成员方选择性义务的规定,有步骤地根据经济发展的需要,将版权和相关权利、商标、地理标识、工业设计以及集成电路布图设计界定为强制性保护义务,从而大幅度增加边境措施强制适用的知识产权种类。

第二,实施有利于知识产权权利持有人的边境措施保护标准。站在知识产权权利持有人的立场上看,保护标准越高就意味着拥有的知识产权的价值越高,就越有可能给其带来经济上的收益。TRIPS 协定也允许成员方提供更高标准的保护。随着中国知识产权密集型企业在海外投资的增多以及带来知识产权利益的压力,中国可以在这方面进一步利用 TRIPS 协定的弹性空间。例如,在提交担保环节,一方面规定被申请人只有在例外情况下或者依据司法命令,在提交担保书或其他担保时才能够获得涉嫌侵权的货物,从而将TRIPS 协定中的反担保规定从一般原则改变为例外原则,这种性质的转变给被申请人增加了更多的困难,反过来也给权利持有人带来了便利;另一方面,在担保形式上增加了担保书的适用,减轻了权利持有人资金上的压力,申请人获得批准的概率当然也就得到了提升,这也是对知识产权权利持有人有利的一面。

第三,转移或降低了知识产权权利持有人的维权成本。既然明确知识产权为私权,就表明权利的取得需要权利持有人自己提出申请,程序的发起主要是权利持有人自行启动,权利的具体利用以及如何利用也取决于权利持有人自身,这一切都必须付出相应的维权成本,也使得权利持有人不能够任性地随意发起程序,减少了浪费国家行政资源的可能性。但是,我们可以通过制度设计,将知识产权权利持有人的维权成本要么转移给社会公共资源承担,要么予以降低。例如,在发起程序环节,在现有基础上进一步扩大主管机关依职权发起程序的适用,在 TRIPS 协定并未涉及的转运环节,权利持有人与主管机关也可以发起程序。海关只要怀疑货物侵权,就可以采取中止货物放行的边境措施。不仅如此,还可以考虑限制海关依职权发起程序可能引发的后果,如果产生了不利后果可以视情况由相关货物的进出口商承担,知识产权权利持有人的权益就能得到最大限度的保障。

第二节　与时俱进:知识产权海关保护制度的现代化

2016 年 12 月 5 日,中央全面深化改革领导小组第三十次会议审议通过了《关于开展知识产权综合管理改革试点总体方案》,明确提出要深化知识产权领域改革,强调要在知识产权重要领域和关键环节上取得决定性成果,授权确权和执法保护体系进一步完善,基本形成权界清晰、分工合理、责权一致、运转高效、法治保障和知识产权体制机制,基本实现知识产权治理体系和治理能力的现代化。对于当下中国来说,知识产权制度建设本身就是一场以制度创新促进知识创新、以法治建设保障创新发展的伟大社会实践。在经济新常态下,知识产权制度被赋予推动国家创新发展的功能和使命。包括知识产权制度建设与战略实施在内的知识产权事业发展的各项工作,都需要与时俱进地作出相应调整和充实。[①]

中国需要利用此次机会对自身漏洞进行修补,对知识产权法制体系进行修正、调整、充实和完备。一个国家要崛起为大国并持久保

[①]　吴汉东主编:《中国知识产权蓝皮书(2015—2016)》,知识产权出版社 2017 年版,第 11 页。

持大国地位,主要是靠科技创新能力及其主要载体——制造业的竞争力,而不是靠自然资源,更不能靠殖民掠夺。站在历史的新起点,中国要经历一个以产业革命为主要内容的发展阶段才能跻身发达国家行列,或者说才能成为世界经济的引领者。而要真正完成这一历史任务,中国就必须在已有成就的基础上继续经历一个工业生产率高增长的阶段。其内容就是以高强度投资和自主创新为手段,以竞争性企业为主体,以全球市场为舞台,在技术和资本密集型工业领域实现广泛突破,来带动基础广泛的产业革命。① 鉴于当前经济与技术发展水平等因素,中国的知识产权立法同其他国家相比确实有相当大的差距。中国政府需要对此保持清醒认识,根据需求构建起一套科学的知识产权法制体系。② 另外,知识产权海关保护制度现代化是中国积极参与知识产权国际保护体制构建的前提条件。一个连本国知识产权海关保护制度都无法与时俱进的国家,何来有底气在知识产权国际保护体制中占据重要的位置呢? 更不用说能够引领知识产权海关保护制度的未来发展。这种由内而外的制度创新是一个知识产权强国成长的必然路径。正如有人所说,美国是对知识产权国际保护规则的形成和发展影响最大的国家,这恰恰是因为美国的国内立法往往是具有世界意义的。③

一、将知识产权海关保护主体从权利所有人调整为权利持有人

中国知识产权海关保护的主体包括商标注册人、专利权人、著作

---

① 许涛:《超越:技术、市场与经济增长的历程》,社会科学文献出版社 2018 年版,第1—3 页。

② 刘萍、冯帅:《ACTA 的"变相"回归及中国对策研究》,载《时代法学》2013 年第5 期。

③ 郑成思:《国际知识产权保护和我国面临的挑战》,载《法制与社会发展》2006 年第 6 期。

权人以及与著作权有关的权利人、奥林匹克标志专有权人以及世界博览会标志专有权人,而 TRIPS 协定、ACTA 均使用了知识产权权利持有人的表述,WCO《范本草案》中明确知识产权权利持有人包括注册商标所有人、版权持有人和任何受边境保护的知识产权的持有人。虽然该解释并没有法律上的约束力,但至少可以说代表着 WCO 的官方态度。日本就包括知识产权权利所有人、知识产权专有实施权人、专有使用权人或者专有利用权人,或者是停止不正当竞争请求权人。① 两者相比,中国知识产权权利所有人范围明显要窄,知识产权权利持有人除包括权利所有人外,还涵盖了那些经过合法程序取得知识产权使用权的被许可人。

众所周知,知识产权的一个重点就是它具有经济价值。对知识产权来讲,继受取得有着比原始取得更为重要的意义。在商品经济日益发达与财产权逐渐社会化的今天,所有权的行使和实现,往往要通过非所有权途径(如他物权的设定和债权的发生)而进行。知识产权权利价值的实现,并非创造者对知识产品的直接支配,而表现为一个"创造—传播—使用"的过程。在现代信息化社会,社会分工细密,一件作品或发明由创造者本人进行各种形式的使用几乎是不可能的。② 以世界博览会标志为例,经过标志权利人的许可,世界博览会标志可以被用作商业目的,被许可人在支付了相关费用后,获得了使用标志的权利。根据《世界博览会标志保护条例》的规定,世界博览会标志权利人仅仅是指中国 2010 年上海世界博览会组织机构和国际展览局,被许可人并不属于其中。站在海关的角度,这些被许可人不仅无法以自己的名义在海关申请备案寻求保护,甚至当他们发现权益被侵害时,也不能直接向海关申请扣留侵权嫌疑货物。这必

---

① 何力:《日本海关法原理与制度》,法律出版社 2010 年版,第 217 页。
② 吴汉东:《知识产权总论》(第三版),中国人民大学出版社 2013 年版,第 40—41 页。

将对被许可人合法权益的保护构成一种障碍，被许可人的信心也将受到打击，从而不利于世界博览会标志的商业应用。

此外，中国最高人民法院在 1994 年《最高人民法院关于西施兰注册商标侵权纠纷案有关问题请示的批复》中，明确承认了商标独占使用被许可人的独立诉权，被许可人在独占使用许可合同有效期内，有权禁止他人使用该商标，可以单独向人民法院起诉。该批复在 2002 年 10 月《最高人民法院关于审理商标民事纠纷案件适用法律若干问题的解释》中再一次得到确认。同时，司法实践中中国广州市中级人民法院 1999 年 11 月 30 日在上海利华起诉广州经济技术开发区商业进出口贸易公司一案中也贯彻了这一批复的精神。[①]

中国已经意识到了将知识产权海关保护主体限定在知识产权权利所有人的弊端，在《中国—智利自由贸易协定》中调整为知识产权权利持有人的表述，但这更多地像是带有一种试探性质，并没有真正固定下来，折射出立法者在此问题上的犹豫不决，也是认为对于调整为权利持有人的问题考虑还不够充分的一种自然反映。因为事物往往存在着两面性，从权利所有人到权利持有人的转变，将会给海关执法增加巨大的工作量。很简单，一项知识产权出于经济因素的考虑可能有很多的被许可人，一旦数量庞大的被许可人在同一个地域内同时向海关申请保护，不仅骤然增加了海关执法的成本，还容易造成执法上的混乱。因此，应根据知识产权被许可人的法律地位来确定是否将其归入权利人的范围，而并不是所有类型的被许可人都可以被纳入权利人范围。

笔者认为，中国应当遵照国际公约通行规定，将知识产权海关保护主体从权利所有人调整为权利持有人，但是可以对后者的内涵予以清晰的界定，即权利持有人除权利人本身外，还包括独占被许可人

---

① 具体案情与分析参见李群英：《进口真货也违法？》，载《中国海关》2006 年第 2 期。

与排他性许可使用的被许可人,至于普通许可中的被许可人则不在其列。具体来说,就是摒弃将知识产权被许可人全部排除在知识产权权利人范围之外的做法,向独占许可与排他许可的被许可人提供知识产权海关保护。中国最高人民法院的批复以及司法实践中均已经赋予了独占被许可人独立起诉的权利,海关仍然坚持僵化的理解无疑是没有任何的必要。第一种类型的被许可人是独占许可使用的被许可人。由于其在授权许可的期限与地域范围内实际上处于权利人的地位,他当然属于权利人的范围。按照知识产权请求权的理论,由于知识产权请求权对知识产权具有一定的依附性、与知识产权同命运,因此,当知识产权被进行独占实施的授权许可时,知识产权请求权也应当一并转移于使用权人,知识产权人不应再享有该请求权。① 知识产权权利人在授权期限与地域范围内不再享有权利人请求权,即应准许独占许可使用的被许可人向海关申请保护,这也与最高人民法院的批复精神相吻合。

第二种类型的被许可人是排他性许可使用的被许可人。它与独占性许可使用的区别在于知识产权权利人自己仍然可以使用该知识产权,只不过不得在排他实施的期限与地域范围内再次授权给他人使用。因此,排他性许可使用的被许可人应属于权利人的范围,并享有海关备案与申请保护的权利。

第三种类型的被许可人是普通许可使用的被许可人。此时,知识产权权利人自己不仅仍然可以使用知识产权,而且还可以在前者的期限与地域范围内再次授权给他人使用。从数量上考虑,他们也许是最多的,所涉及的利益面也许是最为广泛的,所受到侵权损害的威胁也许是最大的。但是,由于中国的普通许可中的被许可人不能自行向人民法院提起诉讼,或自行提出诉前禁令、证据保全的申请,

① 杨明:《知识产权请求权研究——兼以反不正常竞争为考察对象》,北京大学出版社 2005 年版,第 109 页。

其诉讼地位明显低于前两者,①因此,普通许可使用的被许可人不属于知识产权海关保护权利人的范围。

二、从发展的角度调整知识产权海关保护客体

理论上,知识产权海关保护客体的范围当然是越广越好,但数量的多少并不能简单地与知识产权海关保护水平的高低画上等号,范围广不一定代表保护水平高,范围窄也不一定就意味着保护水平低。任何一个国家都是根据本身的国情来确定边境措施的范围。即使像澳大利亚这样的发达国家,在根据 TRIPS 协定的要求,对本国知识产权法进行修改和协调时,也认为按照一定的计划使知识产权保护服务于国家利益(包括贸易机会),同时与国际标准保持一致。② 这是因为知识产权制度的现代化,是一国的政策安排和战略选择,其基础是国情。③ 中国之所以向"奥林匹克标志和世界博览会标志"提供海关保护,是因为中国分别举办奥运会和世界博览会的客观形势的需要。与此同时,最终形成的知识产权制度的未来模式必然是多元化的,即针对不同的知识创新和传播状态设计不同的知识创新的激励制度,不仅在整个知识产权领域仍然存在着著作权制度、专利制度和商标制度的传统划分,而且在著作权制度、专利制度和商标制度内部也将出现现有制度的改革与全新制度的补充或替代。只有多元化的知识产权制度才能实现知识创新与知识传播之间的平衡。④ 因此,我们也应当秉承这样的一种理念去调整中国知识产权海关保护

① 陶鑫良、袁真富:《知识产权法总论》,知识产权出版社 2005 年版,第 170—172 页。
② 王秋华:《对我国适用海关边境保护措施涉及专利权问题的思考——兼谈 TRIPS 协议的相关要求》,载《科技与法律》2003 年第 1 期。
③ 吴汉东:《知识产权法的制度创新本质与知识创新目标》,载《法学研究》2014 年第 3 期。
④ 王太平:《知识产权制度的未来》,载张玉敏主编:《西南知识产权评论》(第四辑),知识产权出版社 2014 年版,第 59 页。

的客体。

第一,优化专利权在知识产权海关保护中的程序设计。

ACTA 最终排除了边境措施对于专利权的适用,固然有着各谈判方博弈的原因,但专利权侵权行为难以被海关所查获是一个重要因素。针对中国知识产权海关保护客体中专利权保护很难实施且效果不好的难题,有人提出,中国海关可以借鉴美国海关的经验,尝试将进出口贸易的嫌疑专利侵权案件从现行海关知识产权保护程序中剥离,采取一个专门的程序,例如,将全国各海关发现的专利侵权案件集中到海关总署政策法规司知识产权处受理,由该处负责初步调查,一旦认定侵权的初步证据成立,则将案件移交给北京市第一中级人民法院审理。这样做的好处是,无论是涉及专利无效,还是涉及专利侵权,该法院均可以审理。前者可以由被告向国家知识产权专利复审委员会提起系争专利的无效请求,经裁定后,可能再由该法院复审;后者则直接由该法院审理解决。同时,这样还可以避免海关查处的专利侵权案件在各地审理,可能造成同类案件判决不易,直接影响对外贸易。① 这种集中处理的观点有一定的可取性,很大程度上解决了目前分散处置带来了执法资源不足的难题,但它没有在根本上解决问题,而是将问题集聚处理的压力归拢到了一个地方。

还有人建议,海关可以调整具体的实施程序,针对不同种类的知识产权采取不同程序,如将海关对那些权利基础不是很稳固的专利权的保护措施限制在依申请的保护模式下,在保护之前,要求权利人在对实用新型专利申请保护时应提交新颖性检索报告,使海关仅在接受权利人的保护申请后实施保护措施。由此,不仅可以化解知识产权海关保护执法中的责任风险,而且可以降低海关与当事人之间的专利权纠纷隐患。同时,对疑难、复杂的纠纷案件,应当规定海关

① 张乃根:《国际贸易相关知识产权法》,上海人民出版社 2016 年版,第 190—191 页。

与国内专利部门的合作或者移送机制。① 也有人提出，应当回归TRIPS 协定的本义，限定在商标权、版权等这些"看得见的"知识产权。②

中国知识产权海关保护专利权难题的根源在于海关关员很难具备仅从表面查获涉嫌侵权货物的专业能力，加强一线海关执法人员的培训投入大，成效并不一定明显，这个问题在日益强调通关速度的今天被格外放大，因此，需要优化专利权在知识产权海关保护中的程序设计，创新专利权海关保护模式，但又必须在充分尊重现行法律法规的基础上，而不是简单地提出修改相关法律法规的建议。笔者认为，在当前的程序中，可以增加一个征求意见的阶段。海关在作出是否侵权的决定前，必须征求相关的行政机关或者专家学者的意见。这方面日本海关已经作出了示范。尽管日本海关关税中央分析所的分析报告有很高的技术含量，但并不做关于知识产权侵权的分析，海关及其职员不必也不可能掌握全部知识产权的技术性专业知识，根据海关中止放行申请涉及的知识产权权利类型，在进行侵权认定程序中，可以向主管工业产权的特许厅、农林水产省与经济产业省征求意见。在海关中止放行审查之际，出现了利害关系人等提出意见书的场合，或者在海关进行侵权认定中还有不明的争论点的场合，可以征求专门委员的意见。海关在专门委员意见中没有出现明显的事实误认的情况下，一般都尊重专门委员中的多数意见，至今没有推翻专门委员多数意见的先例。③ 这种做法的好处是不会涉及法律法规有关规定的修改，而仅仅是海关内部操作流程上的优化，海关仍然需要作出最终的决定，但与以往不同的是，征求意见后的决定将更有说

① 贺小勇等：《WTO 框架下知识产权争端法律问题研究——以中美知识产权争端为视角》，法律出版社 2011 年版，第 188 页。

② 王殊：《中国知识产权边境保护》，中国政法大学出版社 2011 年版，第 10—11 页。

③ 何力：《日本海关法原理与制度》，法律出版社 2010 年版，第 226—228 页。

服力。

长期来看,中国可以适当借鉴美国海关的实践,后者对专利权并不提供主动保护,货物是否属于专利侵权则交由美国国际贸易委员会判断,海关只是负责执行前者的最终决定,从而顺利地避免了海关在专利问题上执法能力不足的难题。考虑到中国国内法律传统、手段限制等因素,短期内将海关对那些权利基础较为薄弱的专利权保护措施限制在由权利人申请的保护模式下,即海关承担被动保护责任,使海关仅在接受权利人的保护申请后实施保护措施。海关应对专利权全部提供被动保护,而将是否侵权的决定权交由政府专业机构负责。

第二,适当考虑增加知识产权海关保护客体的可行性。

有人提出,在中国以现有的由发达国家早已决定好框架的"知识产权"为基础制定知识产权战略时,万万不可忽视了一大部分尚未列入国际知识产权保护框架内的信息财产。因为这一部分恰恰是中国的长项,力争把中国占优势而国际上还不保护(或者多数国家尚不保护)的有关客体纳入国际知识产权保护的范围,以及提高中国占优势的某些客体的保护水平是增强中国对自主知识产权的拥有和利用的有效手段。地理标志、动植物基因资源、传统知识等是中国的长项,中国应加强这些方面的立法,即强化地理标志的保护,把生物多样化纳入知识产权保护,把传统知识纳入知识产权保护,然而目前这些工作做得还均不太够。[①] 在《中国—瑞士自由贸易协定》第11.16条与《中国—韩国自由贸易协定》第15.26条中国已经作出了一些改变,前者增加了工业品外观设计,后者拓展了植物多样性、已注册的外观设计、地理标志等,不过却通过文字限定的方式使得这些改变并不会在实践中真正落地,但也代表着中国在此问题上的松动。

[①] 郑成思:《信息、知识产权与中国知识产权战略若干问题》,载《环球法律评论》2006年第3期。

笔者认为，应重点考虑将地理标志权纳入增列范围之内。地理标志一般是指标示出某种商品来源于某地域，或源自某地域中的某地区，该商品的特定质量、信誉或者其他特征，主要与该地理来源相互关联，由其自然因素或人文因素所决定。中国幅员辽阔，地大物博，拥有很多的地方特产，有效地保护地理标志将有利于经济发展。中国现行的地理标志保护体制主要是由工商管理部门和技术监督部门分别进行，其中工商管理部门是以《商标法》为依据，由有关权利人将地理标志注册为证明商标或集体商标，按照商标权的保护模式对地理标志进行转化予以保护。在这种情况下，海关在边境环节与保护其他商标权是一样的，只要解决权利人、合法使用人以及转授权情况的备案、认定问题即可。①

与此同时，我们也应探索研究将传统知识纳入保护客体的可能性。有人指出，对于社群而言，在所有国家，尤其是在发展中国家和最不发达国家保护传统知识非常重要。首先，传统在这些国家的经济与社会生活中发挥着重要作用，重视它们有助于强化文化认同，鼓励更多地使用这种知识来实现社会与发展目标。其次，发展中国家和最不发达国家正在实施的一些国际协定，有可能影响到如何保护、传播与遗传资源使用相关的知识，并因此影响到如何保护它们的国家利益。传统知识所有权的形式，传统知识的文化、科学与商业利益，研发中建立互利伙伴关系的可能性，以及滥用传统知识的风险，恰恰是所有国家都面临的问题。因此，一定程度的国际协调与合作对于实现传统知识保护的各项目标是必不可少的。保护传统知识的综合性战略因此应当考虑到社群、国家、地区和国际层面。每一层面之间的整合与协调越强，取得整体效果就越有可能。目前，国内法是实现传统知识保护并代理传统知识所有人实际利益的主要机制。普

---

① 贾小宁、周艳：《谈〈知识产权海关保护条例〉修订的部分内容》，载《知识产权》2004 年第 1 期。

遍观点认为,传统知识所有人应当有权公正、公平地分享利用其知识所产生的利益。知识产权制度范畴内外的国际法律体制也是一种重要的考虑因素。在传统知识与遗传资源存在密切联系的情况下,利益分配应当与《生物多样性公约》确立的措施保持一致。其他重要的国际规范性文件包括世界粮农组织的《粮食和农业植物遗传资源国际条约》、《国际植物新品种保护联盟公约》和《联合国防治荒漠化公约》。①

传统知识问题的产生来源于它与现代知识产权制度的不兼容,人们意识到对传统知识保护的必要性,但现行知识产权制度又无法容纳传统知识固有的特性。有关传统知识,从多文化主义的观点出发,应该抓住两者之间的本质差别,即动态的、工业化的、以个人主义文化为前提的发达国家的知识产权法制,在与渐进的、生态化的、以共同体主义的文化为前提的传统知识的保护两者之间的本质差别。② 由于不发达国家和地区拥有的丰富民间文学艺术、遗传资源、传统医药等传统文化遗产被现行知识产权制度排除在保护范围之外,发达国家和发达地区利用先进的科技手段和传播技术无偿利用他人文化遗产获得的"新"成果反而能够获得知识产权的保护,因而将传统文化遗产资源排斥在保护范围之外的现代知识产权制度成了发达国家和发达地区肆意掠夺他人传统文化遗产资源的帮凶,也成了瓦解传统文化遗产、泯灭民族文化个性的重要诱因。③ 中国应当在不违反 TRIPS 协定的前提下,充分通过立法解决这一问题,把传统知识作为知识产权法保护的一个新客体,赋予资源来源地居民以

---

① [美]弗雷德里克·M.阿伯特、[瑞士]托马斯·科蒂尔、[澳]弗朗西斯·高锐:《世界经济一体化进程中的国际知识产权法》(上册),王清译,商务印书馆 2014 年版,第925—926 页。

② [日]田村善之:《田村善之论知识产权》,李杨等译,中国人民大学出版社 2013 年版,第 26 页。

③ 张耕:《民间文学艺术的知识产权保护研究》,法律出版社 2007 年版,第 2 页。

集体名义享有控制、发展和保护他们的传统知识体系和实践的权利,保护对象包括人类和其他基因资源,传统医药,药用植物、动物。口头传统知识表达文学,图案,视觉和表演艺术等。[①]

三、谨慎对待转运环节的知识产权海关保护

中国海关每年在进出口环节查获的侵权货物绝大部分来自出口环节,在很大程度上就平息了中国超过 TRIPS 协定标准实施出口环节保护所引起的争议。随着中国经济的转型以及国内市场的急速扩大,对于进口货物的需要也水涨船高,可以预计的是,进口环节的侵权现象将呈现出逐步增加的趋势。但是,这并不是一个什么大问题,在进口环节提供知识产权海关保护是知识产权边境保护的应有之义,真正需要我们认真思考的是以 ACTA 为代表对于转运环节实施的知识产权边境保护措施所引发的问题。有人认为,在目的国合法的货物在过境国可能是非法的,但过境国作为中转地本不该受该批货物的任何影响,赋予其查扣过境货物的权利反而会扭曲正常贸易。[②] 这在国际范围内将知识产权最大化到保护水平最高的那些国家的标准,只要货物经过该国,且挑战了出口国的主权,使其国民承担货物被第三国扣押的风险。[③] 中国现行法律法规的立法设计对于这个问题存在模糊空间,如果在转运环节实施知识产权边境措施将给中国货物出口带来冲击,然而,我们不能贸然就对转运环节的知识产权海关保护关上大门,原因在于中国本身也是一个过境国的客观事实,需要谨慎对待这

---

① 贺小勇等:《WTO 框架下知识产权争端法律问题研究——以中美知识产权争端为视角》,法律出版社 2011 年版,第 189 页。

② 杨鸿:《〈反假冒贸易协定〉的知识产权执法规则研究》,载《法商研究》2011 年第 6 期。

③ Margot E. Kaminski,"An Overview and the Evolution of the Anti-Counterfeiting Trade Agreement(ACTA)",*PIJIP Research Paper*,No.17,Washington D.C.,2011,p.11.

个问题。

第一，中国现行法律法规的立法设计存在模糊空间。

中国《海关法》第 44 条规定："海关依照法律、行政法规的规定，对与进出境货物有关的知识产权实施保护。需要向海关申报知识产权状况的，进出口货物收发货人及其代理人应当按照国家规定向海关如实申报有关知识产权状况，并提交合法使用有关知识产权的证明文件。"该条前半段适用的是"进出境货物"表述，后半段则是"进出口货物"。第 91 条规定："违反本法规定进出口侵犯中华人民共和国法律、行政法规保护的知识产权的货物的，由海关依法没收侵权货物，并处以罚款；构成犯罪的，依法追究刑事责任。"这条同样是"进出口货物"。而《知识产权海关保护条例》第 2 条规定："本条例所称知识产权海关保护，是指海关对与进出口货物有关并受中华人民共和国法律、行政法规保护的商标专用权、著作权和与著作权有关的权利、专利权（以下统称知识产权）实施的保护。"第 3 条规定中强调："国家禁止侵犯知识产权的货物进出口。"

中国在知识产权海关保护进出口环节问题上使用了"进出境货物"与"进出口货物"两种表述，它们在《海关法》中的内涵并不相同。《海关法》第三章的标题是"进出境货物"，详细地阐述了进出境货物的范围主要包括进口货物，出口货物，过境、转运、通运货物，特定减免税货物，以及暂时进出口货物、保税货物和其他尚未办结海关手续的进出境货物。① 过境、转运和通运货物，是指由境外启运、通过中

---

① 相关条款分别是，第 23 条："进口货物自进境起到办结海关手续止，出口货物自向海关申报起到出境止，过境、转运和通运货物自进境起到出境止，应当接受海关监管。"第 31 条："按照法律、行政法规、国务院或者海关总署规定暂时进口或者暂时出口的货物，应当在六个月内复运出境或者复运进境；需要延长复运出境或者复运进境期限的，应当根据海关总署的规定办理延期手续。"第 32 条："经营保税货物的储存、加工、装配、展示、运输、寄售业务和经营免税商店，应当符合海关监管要求，经海关批准，并办理注册手续。保税货物的转让、转移以及进出保税场所，应当向海关办理有关手续，接受海关监管和查验。"

国境内继续运往境外的货物。其中，通过境内陆路运输的，称过境货物（goods in transit）；在境内设立海关的地点换装运输工具，而不通过境内陆路运输的，称转运货物（transshipment goods）；由船舶、航空器载运进境并由原装运输工具载运出境的，称通运货物（through goods）。保税货物（bonded goods），是指经海关批准未办理纳税手续进境，在境内储存、加工、装配后复运出境的货物。因此，"进出境货物"的内涵远比"进出口货物"广泛，后者只是前者的一部分表现形式，但两者均属于海关法中的"海关监管货物"（Goods under Customs control）。

　　在这种语境下，对于《海关法》第44条出现的前后分别使用"进出境货物"与"进出口货物"的矛盾表述，我们很难理解这是立法者的无心之举，有可能立法者认为前半段是一个笼统的表述，需要将海关监管货物的所有类别囊括进去，表达出中国政府严厉打击侵权货物的决心，而在当下的实践中，只对进口货物与出口货物提供知识产权海关保护，这也可以解释为什么随后的《知识产权海关保护条例》只对进出口货物作出规定，正是对于《海关法》第44条后半段的扩充解释与具体落实。有人提出，中国《海关法》第44条第1款规定，海关依照法律、行政法规的规定，对与进出境货物有关的知识产权实施保护。那么，转运是不是"与进出境货物有关"呢？答案是否定的。目前的实践没有这样的做法。从规范的角度，法律也没有对转运留出余地。《知识产权海关保护条例》第3条进一步规定，国家禁止侵犯知识产权的货物进出口。这一规定可以理解为国家对海关的授权和对其职权范围的界定。因此，在法律没有明确授权的条件下，海关无权在转运环节审查侵权。①

　　此外，中国《海关对过境货物监管办法》第7条规定："下列货物禁

---

　　①　毛金生等：《国际知识产权执法新动态研究》，知识产权出版社2013年版，第142页。

止过境:(一)来自或运往我国停止或禁止贸易的国家和地区的货物。(二)各种武器、弹药,爆炸物品及军需品(通过军事途径运输的除外)。(三)各种烈性毒药、麻醉品和鸦片、吗啡、海洛因、可卡因等毒品。(四)我国法律、法规禁止过境的其他货物、物品。"显然,第4项的规定为禁止侵权货物的过境提供了必要的法律依据,但它必须有上位法的依据。中国在与秘鲁、韩国签署的自由贸易协定中又规定了对于转运环节货物实施知识产权边境措施,在《中国—瑞士自由贸易协定》中又排除了转运环节的适用。因此,我们认为,在转运环节的知识产权海关保护问题上,仅仅从立法的角度来说,存在着巨大的模糊空间。

第二,转运环节适用知识产权保护的实践及对中国货物出口的影响。

TRIPS 协定第 51 条在其脚注中明确,WTO 成员针对过境货物没有适用海关中止放行程序的义务,从而体现出了国际贸易中的过境自由原则。1921 年《自由过境公约和规约》被认为是世界上第一个专门协调过境自由的国际条约。而后不少国际公约虽然不一定专门针对过境自由,但也有所涉及。1971 年《关于货物实行国际转运或过境运输的海关公约》也明确了这一项便于加速国际货运和使国际贸易获得重大利益的过境运输自由原则。实践中,即便是知识产权强国在转运环节是否适用知识产权边境措施问题上也存在明显的分歧。欧盟一直以来被认为是坚定支持的代表。基于 1992 年和 1999 年海关法典,以及欧共体法院关于"Polo"一案的判决,人们认为欧共体海关法典不仅针对进出口的侵权货物,还针对转口的侵权货物。然而,在 2005 年 10 月的"Class International"一案中,欧共体法院认定,仅仅转口的假冒产品不属于侵权产品,海关不得采取扣押或者中止放行的措施。① 只有当过境货物可能被投放到欧盟市场内

---

① 李明德等:《欧盟知识产权法》,法律出版社 2010 年版,第 126—127 页。

的时候,成员方才可以采取边境措施。然而,如何判定是否进入欧盟市场又是一个十分困难的问题。如果认定标准过低,货物进入欧盟市场将变得非常容易认定;而标准过高,海关和过境国的权利人就会变得束手无策。①

中国作为国际贸易大国,每年进出口货物的数量与金额名列世界前茅,单论货物贸易量,与美国两国经常在世界第一、世界第二的位置互换。每年大量中国制造的货物出口输往全球各地进行销售,特别是随着"一带一路"倡议的实施,加快了中国货物的对外输出。中欧班列兴起就是一个非常典型的反映。中欧班列是指中国开往欧洲的快速货物班列,适合装运集装箱的货运编组列车。目前铺划了西、中、东三条通道中欧班列运行线:西部通道由中国中西部经阿拉山口与霍尔果斯两个口岸出境,中部通道由中国华北地区经二连浩特口岸出境,东部通道由中国东南部沿海地区经满洲里与绥芬河口岸出境。从中国知识产权海关保护效果看,查获的侵权货物数量绝大部分是来源于出口,而非进口。如果 ACTA 通过,中国海关面临的出口环节的知识产权备案和侵权的数量还将增加,这将要求中国投入更多的执法资源查处出口环节的知识产权侵权。

中国已经正式批准加入联合国《国际公路运输公约》,成为该公约的第 70 个缔约国,2017 年 1 月 5 日起对中国生效。该公约是国际货运海关过境的全球标准,旨在通过简化通关程序和效率,加强贸易与国际道路运输的便利化与安全化。中国加入公约是推动亚欧大陆道路运输和多式联运发展的重要一步,也是中国逐步融入全球运输和贸易规范体系的一个重要信号。在公约的推动下,货物过境的现象将会更加普遍,转运环节的知识产权海关保护问题将更加显得敏

---

① 孙益武:《过境货物相关知识产权执法研究》,复旦大学 2013 年博士学位论文,第 92 页。

感与重要,需要中国谨慎对待这个问题。中国可以适当参考欧盟的做法,在具体的执法实践中,可以将是否在中国国内市场进行实质性的销售作为海关介入的判断标准,如果纯粹是过境货物,则不予查扣,否则也不能因为这个是 ACTA 提出的主张就断然地一概表示反对,那样将损害到中国国家利益。

四、高度重视海关特殊监管区域内的知识产权侵权行为

中国《海关法》第 100 条规定:"……海关监管区,是指设立海关的港口、车站、机场、国界孔道、国际邮件互换局(交换站)和其他有海关监管业务的场所,以及虽未设立海关,但是经国务院批准的进出境地点。"所以,实际上知识产权海关保护不应仅仅局限在边境的进出口环节,还包括行邮渠道、海关特殊监管区域、海关特殊监管场所等进出口环节。随着产品生产专业化分工程度的日趋深化,过去包容于一个企业内部的上游与下游生产环节,如今越来越多地分解在不同的企业之间。一个企业往往只专注于产业链条中的一个环节,甚至是其中的一个部分。而这些产业链条上的企业一般都分散在不同的国家。也就是说,侵权货物的生产并不一定仅仅是一个企业所为,而有可能是处于不同国家的企业共同所为。海关在进出口环节的监管固然可以发挥重要的保护作用,但往往是"治标不治本"。再加之中国知识产权海关保护不涉及过境、转运、通运货物以及自由区内的货物,因此,许多进出口商就利用中国知识产权边境保护环节的空缺进行侵权活动。①

2013 年 7 月 3 日,中国国务院召开常务会议通过《中国(上海)自由贸易试验区总体方案》,明确将在上海外高桥保税区、外高桥保税物流园区、洋山保税港区及浦东机场综合保税区等 28.78 平方公

---

① 朱秋沅:《知识产权边境保护制度理论与实务》,上海财经大学出版社 2006 年版,第 227 页。

里的 4 个海关特殊监管区域内建设中国(上海)自由贸易试验区。它是中国大陆地区第一个真正意义上的"自由贸易园区"①。同年 9 月 29 日,上海自由贸易试验区正式挂牌成立。一年之后,2014 年 12 月 12 日,国务院决定在广东、天津、福建特定区域再设三个自由贸易园区。2016 年 8 月底,中国决定在辽宁、浙江、河南、湖北、重庆、四川、陕西等省市再设立 7 个新的自贸试验区。2018 年 4 月 14 日,发布《中共中央 国务院关于支持海南全面深化改革开放的指导意见》(中发〔2018〕12 号),明确以现有自由贸易试验区试点内容为主体,结合海南特点,建设中国(海南)自由贸易试验区,实施范围为海南岛全岛。2019 年 8 月 26 日,国务院印发了新设自贸试验区总体方案,山东、江苏、广西、河北、云南、黑龙江成为一批自贸试验区。至此,中国的自贸试验区数量增至 18 个,其中,沿海省份已全部是自贸试验区,实现中国沿海省份自贸试验区的全覆盖。从法律性质上都由海关特殊监管区域与非海关特殊监管区域两个部分组成。此外,中国还保留保税区、出口加工区、保税港区、保税物流园区、跨境工业区、综合保税区等多种海关特殊监管区域的具体形式。

实践中,地方政府在招商引资时往往宣传所在地的海关特殊监管区域属于"境内关外"。但各部门对各类特殊监管区域"境内关外"的定性也不相同。商务部认为"境内关外",区内企业的进出口

---

① 2008 年 5 月,中国商务部与海关总署发布了《关于规范"自由贸易区"表述的函》,明确指出:所谓"自由贸易区"(Free Trade Area,FTA),是指两个以上的主权国家或单独关税区通过签署协定,在世贸组织最惠国待遇基础上,相互进一步开放市场,分阶段取消绝大部分货物的关税和非关税壁垒,改善服务和投资的市场准入条件,从而形成的实现贸易和投资自由化的特定区域。它所涵盖的范围是签署自由贸易协定的所有成员的全部关税领土,而非其中的某一部分。"自由贸易园区"(Free Trade Zone,FTZ)则是指在某一国家或地区境内设立的实行优惠税收和特殊监管政策的小块特定区域,而中国现存的经济特区、保税区、出口加工区、保税港、经济技术开发区等特殊经济功能区都具有自由贸易园区的某些特征,但尚无与之完全对应的区域。

经营权审批、出口配额和许可证分配等问题并不存在。外汇管理部门一直将区内企业视为境外企业，实行特别外汇政策，后来又将区内外政策基本拉平。财政和税务部门则比较模糊。海关则在具体的做法上进退失据。① 以云南姐告边境贸易区为例，它于 2000 年 6 月经国务院授权国家计委批准设立，被认为是全国唯一实行"境内关外"特殊监管模式和优惠政策的贸易特区，现已成为中国最大的边境陆路口岸之一。它以姐告大桥中心横线为海关关境线，海关监管线后撤至姐告以西，从缅甸一方进入姐告的货物，海关不实施监管，从中国一方运出物资过了西侧海关后即视为"出境"。② 地方工商部门也对姐告"境内关外"表示认可。③ 但是，《中华人民共和国海关对姐告边境贸易区监管的暂行办法》第 2 条明确规定，姐告边境贸易区是中华人民共和国关境内设立的海关监管的特定区域。贸易区的界线按照国务院批准的范围划定。因此，海关只将其作为一个特殊监管区域，绝非"境内关外"的自由贸易区，导致监管部门与地方政府对政策的理解和执行上出现不一致的情况。④ 根据《保税区海关监管办法》的规定，从境外进入保税区的货物可依法免征关税和进口环节税收，从保税区进入非保税区的货物或者从非保税区进入保税区的货物需要按照"进出口货物"办理手续。这就意味着进出海关特殊监管区域的货物同样接受海关提供知识产权保护，而且海关也将海关特殊监管区域查处的侵权案件纳入海关知识产权保护的案件统计。然而，迄今尚未披露有关案件的具体情况。这说明，中国海关似

---

① 孙远东：《从海关特殊监管区域到自由贸易园区——中国的实践与思考》，首都经济贸易大学出版社 2014 年版，第 37 页。

② 刘颖：《境内关外，姐告升级为中缅"双中心"》，载《中国经济导报》2011 年 10 月 18 日。

③ 喻山澜、孙维福：《"境内关外"看姐告》，载《中国工商报》2012 年 10 月 11 日。

④ 许林、戴郦仕：《云南姐告边境贸易区"境内关外"政策效应的经济学分析》，载《生态经济》2014 年第 9 期。

乎缺乏明确、具体的办法，难以在海关特殊监管区域内实施知识产权保护的执法措施。① 有观点指出，由于海关在特殊监管区域内实施知识产权边境执法法律依据缺失，在执法的空间范围与执法环节上有明显的漏洞，海关再怎么认真执法也无法阻止大量侵权货物流出境外所造成的恶劣影响。②

　　上海自贸试验区成立后，全国人大常委会通过了《全国人民代表大会常务委员会关于授权国务院在中国（上海）自由贸易试验区暂时调整有关法律规定的行政审批的决定》，海关法并不在其列。随后发布的《国务院关于在中国（上海）自由贸易试验区内暂时调整有关行政法规和国务院文件规定的行政审批或者准入特别管理措施的决定》也并不包括海关行政法规等。这说明海关法、海关行政法规等仍然在自贸试验区内适用。另外，《海关法》明确规定，中华人民共和国海关是国家的进出关境监督管理机关，经国务院批准在中华人民共和国境内设立的保税区等海关特殊监管区域，由海关按照国家有关规定实施监管。"有关规定"主要是指海关行政规章。中国海关在自贸试验区内海关特殊监管区域仍然具有管辖权，实践中海关也据此履行《海关法》赋予的监管、征税、缉私及统计等职能。外界认为"免于实施惯常的海关监管制度"就是不需要海关监管的观点极其错误。所谓惯常，是指在一国关境内习惯的通常的海关监管办法。也就是说，海关在自由贸易试验区实施不同于一般关境内的、更为简便和宽松的监管措施。③ 由此，"境内关内"是中国所有自贸试验区所必须坚持的法律性质。同时，自贸试验区知识产权保护政策要能在地方实践的基础上，推广到中国的其他特殊经济区域或

---

　　① 张乃根：《国际贸易相关知识产权法》，上海人民出版社 2016 年版，第 208 页。

　　② 朱秋沅：《特殊区域内知识产权边境侵权规制问题比较研究——兼驳"特殊监管区域处于境内关外"的误解》，载《上海海关学院学报》2012 年第 4 期。

　　③ 孙远东：《从海关特殊监管区域到自由贸易园区——中国的实践与思考》，首都经济贸易大学出版社 2014 年版，第 32 页。

综合保税区,乃至全国范围内实践。① 因此,从制度规则的规范性和通用性角度,也就意味着海关对于包括自贸试验区在内的海关特殊监管区域内知识产权侵权行为具有无可争辩的管辖权。

第三节　主动参与:知识产权海关保护制度的国际化

一、知识产权海关保护制度的全球化及表现

全球化定义为超越空间和压缩时间的进程。全球化对于世界政治来说具有全新的变革性作用。国际化是以领土为基础的跨国界交换进程,是国际范围内国家体系进化的基本延续。全球化彰显了世界政治中新的行为体的兴起和新的关系的出现。它创造了新的"跨国"空间,这正在侵蚀传统的、领土形式的社会和政治生活。② 法律在不同国家和民族之间流动和传播,古已有之,但法律全球化则是晚近的现象。法律全球化是指法律在全球范围内的传播和流动,主要表现为特定国家法律的全球化,伴随全球治理而出现的法律全球化,以及世界主义法律价值的全球化。③ 知识产权海关保护制度全球化是法律全球化在知识产权国际保护领域内的一种具体表现形式,并主要体现在知识产权全球治理中的最低保护标准一致化与知识产权强国知识产权海关保护制度全球化两个方面。

知识产权全球治理的最低保护标准一致化实际上就是知识产权国际公约,特别是 TRIPS 协定所确立的知识产权边境保护标准的国际化。有人指出,从国际层面看,法律全球化表现在知识产权领域,

---

① 孙益武:《中国自由贸易试验区知识产权保护制度研究》,知识产权出版社 2018 年版,第 4 页。

② [美]彼得·卡赞斯坦:《地区构成的世界:美国帝权中的亚洲和欧洲》,秦亚青、魏玲译,北京大学出版社 2007 年版,第 14—15 页。

③ 高鸿钧:《美国法全球化:典型例证与法理反思》,载《中国法学》2011 年第 1 期。

首先就是"国际化"，意味着各国立法进入统一标志的新阶段，寓意着知识产权保护的基本原则与标准在全球范围内的普适性。TRIPS拟定了新的知识产权保护的国际标准，并以此作为各缔约方国内立法的原则和依据。从相互关系来说，即在知识产权立法方面，表现为国际法高于国内法、国内法遵从国际法，以及国内法与国际法的一致性。这一时期的"国际化"，还意味着知识产权保护的高标准化。"国际化"即各国立法的一体化，来源于国际公约"最低保护标准"的强制性的普遍适用。这种"最低标准"的实际意义，在于各缔约方在保护标准上的一致性，与知识产权保护水平高低本无绝对的关联性。① 这个问题前文中已经有很多阐述，此处不再赘述。

　　知识产权强国知识产权海关保护制度全球化，美国的影响力最大，表现最为明显。随着经济的全球化，法律与其他文化产品和服务一起被顺理成章地输出。这个过程被称为法律的全球化，或者更准确地说，是跨国法治的美国化。② 在当代欧洲对于美国法的接受类似于中世纪的欧洲对于罗马法的接受。③ 也有人对此保持谨慎，认为法律全球化的进程深受美国的影响，甚至相当一部分是美国法的国际化结果。但从总体上看，法律全球化并不是美国法的国际化。从长远来看，法律全球化的进程将是一个见证美国法主导地位逐渐下降的过程。④ 美国法全球化绝非意指美国法在全球范围内都得到了接受和适用，而是意指美国法出现了在全球范围内传播和流动的

---

① 吴汉东：《知识产权本质的多维度解读》，载《中国法学》2006 年第 5 期。

② ［美］W.海德布兰德：《从法律的全球化到全球化下的法律》，刘辉译，载［意］D.奈尔肯、［英］J.菲斯特编：《法律移植与法律文化》，高鸿钧等译，清华大学出版社 2006 年版，第 157 页。

③ Wolfgang Wirgand, *Americanization of Law：Reception or Convergence?*, in Lawrence M. Friedman and Harry N. Scheiber, *Legal Culture and the Legal Profession*, Boulder：Westview Press, 1996, p.138.

④ 刘志云：《法律全球化进程中的特征分析与路径选择》，载《法制与社会发展》2007 年第 1 期。

趋势。① 伴随着美国法的全球化进程,美国海关法也出现了全球化的趋势,并主要通过四种典型路径在世界范围内不同程度地传播与流动。具体而言,它以 WTO 与 WCO 两个国际组织为依托重点传播法律理念,借助各种贸易协定的谈判与缔结确立海关法的高标准,采取双边谈判与提起诉讼的方式直接或间接对外输出海关法,并以一系列维护国际贸易供应链安全的国内法达到了域外执法的效果。美国知识产权保护制度就是一个从单边向多边及双边的发展进路与国际延伸。②

美国利用本国强大的综合国力单边对外输出知识产权执法措施。从效果上看,尽管有人认为,中国目前的知识产权法领域确实受到美国法较大的影响,但尚不存在"美国化"的现象,美国法对于中国知识产权领域的影响确是一个稳定上升的发展态势。③ 也有人从法律文化帝国主义角度予以解释,提出现行知识产权规则的形成,实际上是西方国家强势法律文化对其他弱势国家法律文化征服的过程。这一过程始终与强加相伴随,它只不过是法律文化帝国主义向全球扩张的一个个案。④ 但至少在知识产权海关保护立法领域内,无论是在立法的动因还是在制度的修改上,美国均已经不同程度地实现了其目标。

即便对于同为知识产权一个阵营的欧盟来说,美国也毫不手软。2004 年 9 月,美国就欧共体特定海关事项提请欧共体进行磋商,未果后交由专家组处理。2006 年 6 月,专家组报告公布后,双方均提

---

① 高鸿钧:《美国法全球化:典型例证与法理反思》,载《中国法学》2011 年第 1 期。

② 朱颖:《美国知识产权保护制度的发展——以自由贸易协定为拓展知识产权保护的手段》,载《知识产权》2006 年第 5 期。

③ 徐红菊:《中国知识产权法的美国化?——美国模式的影响与走向》,载高鸿钧主编:《清华法治论衡:法律全球化与全球法律化》第 14 辑,清华大学出版社 2011 年版,第 305 页。

④ 魏森:《法律文化帝国主义研究——以中国知识产权立法为中心》,载《法商研究》2009 年第 3 期。

出上诉。美国提出欧共体对 GATT 1994 第 10 条第 1 款所指的法律、规章、判决和裁决的执行方式是不统一、不公正或不合理的,违反了 GATT 1994 第 10 条第 3 款 a 项,这些法律文件包括《欧共体海关法典》、《欧共体海关法典实施条例》、《共同海关税则》、《欧共体统一关税税率》以及以上法律文件的修订和其他有关措施。美国还提交了欧共体海关法律执行不统一的不同事例,以证明欧共体海关执行制度整体违反了 GATT 1994 第 10 条第 3 款 a 项的统一执行要求。此外,美国还指控欧共体将其成员国海关当局的行政决定的上诉程序交由各成员国负责,而各成员国之裁决只能适用于该国境内,违反了 GATT 1994 第 10 条第 3 款 b 项中对于缔约方应保持或尽快设立司法、仲裁或行政的法庭或者程序,以迅速审查与纠正有关海关事项的行政行为的规定。

2006 年 11 月,上诉机构最终认定欧共体对带数字视频接口的 LCD 的海关归类违反了统一执行贸易法规的义务。在欧盟看来,欧共体所被指控的问题在包括美国在内的所有国家海关当局中是非常普遍的。即便已经有了一个统一的规则,但只要有人的因素存在,就时不时会导致不同的结果。因此,人们必须充分考虑到管理一个海关同盟的复杂性,并在解释 GATT 规则时不应将其与 WTO 的一个联邦制国家成员相提并论。[①] 而按照美国的说法,带数字视频接口的 LCD 问题根本就不是其控诉的对象,而只是用其来证明欧共体海关执行制度违反了 WTO 规则的一个证据。也就是说,美国的根本诉请没有得到支持,得到支持的只是一个细枝末节的问题。对欧共体来说,虽然在带数字视频接口的 LCD 这一问题上被判定违反 WTO 规则,但随着《欧洲委员会第 2171/2005 号规则》在 2005 年 12 月 23 日

---

① Davide Rovetta and Michael Lux, "The US Challenge to the EC Customs Union", *Global Trade and Customs Journal*, Volume 2, Issue 5, 2007, p.207.

获得通过,欧共体已经使该问题符合了 WTO 规则。① 引人注意的是,美国在设立专家组请求书中包含了对欧共体海关执行制度整体的控诉。虽然上诉机构确认了 WTO《关于争端解决规则与程序的谅解》与其他协议均未禁止一方对另一成员的制度整体提出控诉,只需要足够具体地指出构成作为整体被控诉的法律制度的措施以及提供足以阐明问题的法律依据,但借口缺乏对欧共体海关执行的机构与机制的充分事实,不足以构成完成分析的基础,否定了美国的诉求。

对于欧盟,美国的理念及其规则已经深深地影响到欧盟及其国际海关法律制度的修订。进出口的预先申报规则起源于美国海关法。"集装箱安全倡议"(Container Security Initiative, CSI)的实施使得美国海关官员可以在欧盟港口控制所有输往美国的货物。海关与商界之间的公私伙伴关系也成为美国法律体系中的重要组成部分,而风险分析的原则已经被许多国家所接受,无论是接受的时间还是实施的方式上均胜于欧盟。因此,有人将这些变化称为欧盟海关法的"美国化"(Americanization)。② 因此,有人评论道,知识产权成为美国国际贸易空间开疆拓土的利器。经济上的成功以及知识产权政策的有效运作,使美国知识产权制度随着经济的触角在全世界逐渐蔓延开来,知识产权国际化和一体化趋势日益增强。③

二、中国知识产权海关保护制度国际化的必要性

知识产权海关保护制度的国际化是全球化的初级阶段,中国首

---

① 欧福永、黄文旭:《欧共体特定海关事项案述评》,载《时代法学》2007 年第 3 期。

② Carsten Weerth, "European Community Customs Code: The Small Customs Code Revision and Americanization of European Customs Law", *Global Trade and Customs Journal*, Volume 2, Issue 10, 2007, p.362.

③ 吴汉东:《利弊之间:知识产权制度的政策科学分析》,载《法商研究》2006 年第 5 期。

先要做到知识产权海关保护制度的国际化才有可能实现全球化。它是中国成长为知识产权强国的必由之路。知识产权海关保护制度的国际化意味着中国的知识产权海关保护制度不仅仅是推动本国知识产权保护的需要,而且是除此之外还能够向国际社会提供知识产权边境保护的公共产品,能够为国际知识产权公约所采纳,能够为其他国家所接受。

早在 2010 年,党的十七届五中全会就明确提出中国要"积极参与全球经济治理,推动国际经济体系改革,促进国际经济秩序朝着更加公正合理的方向发展"。党的十八大报告对中国参与国际事务进行了系统的规划,重申了中国的原则和目标:"坚持权利和义务相平衡,积极参与全球经济治理,推动国际秩序和国际体系朝着公正合理的方向发展。"《国家知识产权战略纲要》和《2014 年国家知识产权战略实施推进计划》也提出,积极参与国际知识产权秩序的建构。近些年来,中国着力提高知识产权主动外交能力,积极扩大知识产权对外合作交流,促进互利共赢,成功举办中美欧日韩五局局长系列会议、中欧两局合作 30 年、"一带一路"知识产权高级别会议、外观设计领域五局合作论坛等一系列重要活动,积极搭建"一带一路"知识产权信息共享平台,探索建立与沿线国家间的交流协调机制。知识产权国际保护在多边合作、双边交流和机制构建方面都取得了新进展。①

中国推动知识产权海关保护制度国际化也是中国开放型经济新体制的内在需求。作为当今世界上最大的单一国内市场之一的国家,每年进出口货物贸易量在全球位居前列,毫无疑问蕴藏着极为丰富的可能性。事实证明,国际贸易与知识产权存在着良性的互助性。出于在全球贸易中维护本国利益的需要,美国积极将自己的智力资源优势转化为知识产权优势,并将知识产权优势转化为国际市场竞

---

① 吴汉东主编:《中国知识产权蓝皮书(2015—2016)》,知识产权出版社 2017 年版,第 82 页。

争优势,其使用的政策手段就是将知识产权保护与国际贸易体制紧密地结合起来。① 因此,知识产权海关保护制度必须也理应随着中国国际贸易不断发展随之产生新的需要,这些被现实需要催生出来的制度安排往往是原生的,是本土性的,它们伴随着中国制造的标签走向全世界将是一个必然趋势。

当前国际政治经济形势的新变化也为中国知识产权海关保护全球化提供了难得机遇。ACTA 的失败除了知识产权强国之间内部巨大分歧的原因外,还包括国家内部政治制度的弊端。在许多议题领域中,分权制衡和多党政治的国内制度体系已经影响到国际合作的质量,成为诸多全球治理议题解决的国内障碍。在分区制衡和多党政治的制度体系下,政治生态的特点表现为府会政治、党派政治、利益集团政治、结盟政治,而在政治原理上,概括起来就是在空间上"部分反对部分"和在代际上"一届反对一届",一言以蔽之,这是一种对立式的制度体系。对立式的制度体系在外交上产生的消极外溢效应突出表现为对待国际合作协议的反复无常性,许多来之不易的国际合作协议由于一些国家国内府会政治、政党政治、利益集团政治的因素而被搁置或者否决,从而使得国际合作陷入拖延状态。② 在最需要国际合作和多边体制的事后,呈现出的却是自顾自保优先,合作意愿减退,义务分配困难,体制创建艰难,已有体制低效。③

国际领导的另一个错配是主导国家未能根据已经变化了的国际力量格局改革已有的国际领导体制,让新兴大国在体制内外充分参与到国际领导的供给中来。特朗普总统的当选似乎将进一步加剧国际领导的危机,一个更加内向和唯我主义的美国从过度和有缺陷的国际干预转向战略收缩,虽然可以消弭部分原先美国错误领导的弊

---

① 刘春田:《发展产业与保护创新》,载《中国出版》2007 年第 5 期。
② 苏长和:《互联互通世界的治理和秩序》,载《世界经济与政治》2017 年第 2 期。
③ 时殷弘:《对外政策与历史教益:研判和透视》,世界知识出版社 2014 年版,第 9 页。

病,但同时也将减少美国先前对国际社会所承担的积极责任,如对自由贸易的坚持和对气候变化治理的贡献等,这将从另一个极端构成对国际领导的挑战。① 特朗普的成功最初得益于其表演型人格和名人身份,他在底层白人中打出了种族主义牌,甚至利用了民众内心潜流着的法西斯主义认同感,因此,特朗普的成功理解为美国民粹主义历史的最新篇章更为恰当。② 因此,有人指出,特朗普相信强力,在外交上主张单边主义,愿意在双边层面解决问题,厌恶多边主义。这与强调多种权力资源并用、更愿意借重多边舞台的奥巴马政府"巧实力"形成鲜明对照。针对美国从全球化与全球治理中后撤的情况,中国可以更加积极地参与和引领全球化与全球潮流。③

三、中国知识产权海关保护制度国际化的路径

目前,知识产权国际保护体制被以美国为首的知识产权强国所主导,知识产权边境保护及其标准也深受其影响。回顾中国知识产权保护的发展过程,有两条脉络清晰可辨。其一是深受以美国为首的西方国家的左右;其二是传统意识形态及官僚政治的干预。尽管知识产权保护在最近 20 年中取得很大进步。然而,在夹缝中求生存的知识产权法仍然不能获得自己独立的品格。④ 在知识产权国际保护方面,中国的"大国作用"没有得到充分的发挥,自身的经济发展也受到西方发达国家主导的知识产权国际保护体制的挤压和牵制。⑤

---

① 陈志敏、周国荣:《国际领导与中国协进型领导角色的构建》,载《世界经济与政治》2017 年第 3 期。

② [美]约翰·朱迪斯:《民粹主义大爆炸:经济大衰退如何改变美国和欧洲政治》,马霖译,中信出版集团 2018 年版,第 3 页。

③ 达巍:《特朗普政府的对华战略前瞻:确定性与不确定性》,载《美国研究》2016 年第 6 期。

④ 曲三强:《被动立法的百年轮迴——谈中国知识产权保护的发展历程》,载《中外法学》1999 年第 2 期。

⑤ 张惠彬:《后 TRIPS 时代国际知识产权保护新趋势——以〈反假冒贸易协定〉为考察中心》,载《国际商务(对外经济贸易大学学报)》2013 年第 6 期。

因此,中国在推动知识产权海关保护制度国际化的过程中,必须不能顾此失彼地为了国际化而国际化,而是根植于中国国情的国际化。制度只是特殊历史情境和意外事件的产物,不同处境的社会很难予以复制。① 习近平总书记指出,这是一个需要理论而且一定能够产生理论的时代,这是一个需要思想而且一定能够产生思想的时代。② 学术研究的根本在于中国问题、中国观点和中国理论,要基于中国实践进行学术创造,构建属于自己的学术体系。我们有符合国情的一套理论、一套制度,同时我们也抱着开放的态度,无论是传统的还是外来的,都要取其精华、去其糟粕,但基本的东西必须是我们自己的,我们只能走自己的道路。③

第一,提出知识产权海关保护和谐价值观。

知识产权边境保护自从被纳入国际知识产权公约成为各国强制性义务之后,让人不禁感叹的是,为什么保护标准越来越严格,保护程度越来越高,但货物侵权的行为屡禁不止,各方的冲突不仅没有消除反而有一种愈演愈烈的趋势呢? ACTA 的诞生也是这种矛盾与冲突尖锐化后的客观反映。我们认为,问题的根源在于知识产权边境保护中各相关利益主体价值观念的冲突。知识产权不是一个简单的概念,它是一个多层次、多方面的矩阵,反映了权利和义务、例外和豁免。判例法表明,即使是最有技巧的法学家也难以调和所有不同的利益。④ 即便是同一个主体基于不同因素的考虑或者不同主体各自切身利益对于边境保护价值产生不同的认识与价值期许。

---

① [美]弗朗西斯·福山:《政治秩序的起源:从前人类时代到法国大革命》,毛俊杰译,广西师范大学出版社 2012 年版,第 465 页。

② 习近平:《在哲学社会科学工作座谈会上的讲话》,人民出版社 2016 年版,第 8 页。

③ 习近平:《在省部级主要领导干部学习贯彻党的十八届四中全会精神全面推进依法治国专题研讨班上的讲话》,中共中央文献研究室编:《习近平关于全面依法治国论述摘编》,中央文献出版社 2015 年版,第 35 页。

④ David Flint, Computers and Internet Caught in the ACT(A), Business Law Review June 2010, p.148.

对于知识产权强国来说,知识产权边境保护在很大程度上代表着鼓励创新与保证效率的价值观。知识产权制度被创设的目的就是为了鼓励知识创新,进而推动经济增长,所以设计出赋予创新者以垄断知识产权的制度。在实施知识产权边境保护过程中,如果任由一种漫长或者拖沓的程序进行处理,即使最终打击了知识产权侵权行为,也不再具有多少的意义。"迟来的正义"尽管仍然是正义,但低效率的正义有时候对于知识产权创新者的伤害是巨大的。相对而言,发展中国家则将公平与正义作为知识产权边境保护价值观念中的首要考虑因素。它们认为,知识产权强国的逻辑是一种非常典型的强盗说辞。"大量的历史资料显示:当今世界的发达国家,他们在19世纪经济刚刚开始发展的时候,也不愿意进行这种知识产权交易。"①等到自己发展起来后,才想起对于知识产权制度的保护,保护的对象也大多是知识产权强国的优势产权,而有意识地忽视了对于发展中国家普遍占据上风的传统知识、民间文化表达和遗传资源等知识产权。此外,知识产权边境保护的推行客观上加重了发展中国家,特别是最大发达国家的执法压力,甚至于被迫将更多的执法资源从其他地方调拨过来,从而影响了国家整体行政资源的合理划分。

知识产权的国际化必须是多方参与和各方利益兼顾的,如果从民主政治上进行考量的话可将其视为实现"民主化知识产权"的努力。而这一种政治经济观点的实践需要满足以下三个前提条件:(1)在产权谈判的过程中,所有相关利益都必须得到充分表达;(2)参与谈判的各方必须充分得到各种可能的结果所产生后果的相关信息;(3)一方不能强迫他人。否则,如此产生的国际化知识产权甚至可能严重遏制自由贸易,其经济代价就是减少市场竞争,出现控制全球市场的更多的新知识卡特尔,这些卡特尔在创新方面得到远

---

①　[澳]彼得·达沃豪斯、约翰·布雷斯韦特:《信息封建主义》,刘雪涛译,知识产权出版社 2005 年版,序言"致中国读者"。

远高出其投入的不成比例的收益。① 因此,有人提出,近现代知识产权国际公约,都是在西方国家主导下订立的,其无疑是西方中心主义的范式。进入后 TRIPS 时代以来,东西方国家基于各自的立场,对知识产权利益协调与分享提出了新的要求。在这种发展变革的态势下,从国际正义和人本主义的价值观念出发,对国际知识产权秩序进行批判性、对策性的解读,是当代中国进行知识产权法律再造的重要价值取向。②

我们认为,在知识产权全球化的背景下,和谐应该成为知识产权法的终极价值目标。③ 在和谐价值目标的指引下,确立知识产权边境保护适度合理和利益分享原则。关于当前中国社会公众对知识产权的认知程度,特别需要注意以下几个方面的结论与看法:(1)社会公众对知识产权的认知程度在总体上已经达到较高水平;(2)社会公众对于中国"入世"评价积极,并且对知识产权的认知程度随之有所提高;(3)互联网成为影响社会公众知识产权认知与保护的重要因素;(4)公众认为盗版和假冒商标仍然是侵犯知识产权的主要形式,政府仍需采取有效的打击措施;(5)社会公众的知识产权保护意识方面的变化,内生需求日益突出;(6)提高知识产权保护意识,加强教育成为有效举措的首选。④ 在此过程中,中国可以从极为丰富的传统文化中汲取有益的滋养。法律根植于文化之中,它在一定的文化范围内对特定社会中特定时间和地点所出现的特定需求作出回应。从根本上说,法律是人们认识、阐述和解决某些社会问题的一定

---

① J. Braithwaite,P. Drahos,*Global Business Regulation*,Cambridge:Cambridge University Press,2000,p.4.

② 吴汉东:《知识产权法价值的中国语境解读》,载《中国法学》2013 年第 4 期。

③ 张德芬:《知识产权法之和谐价值的正当性及其实现》,载《法学评论》2007 年第 4 期。

④ 金海军:《知识产权实证分析[Ⅰ]:创新、司法与公众意识》,知识产权出版社 2015 年版,第 257—259 页。

的历史方法。① 历史经验告诉我们,任何人都不可能根据某个单一的、绝对的因素或原因去解释法律制度。一系列社会的、经济的、心理的、历史的和文化的因素以及一系列价值判断,都在影响着和决定着立法和司法。② 对比之下,ACTA 的失败也与不正确的价值观及法律文化密不可分。有人就指出,ACTA 暗含的最为深层的意图涉及知识产权保护的法律文化,也与知识创造与获取的外部社会环境有关,那就是一味强调知识产权对于创新活动和知识增长的重要意义,拒斥和反对"知识共享"的理念和实践。在国内娱乐和软件产业等的立法游说下,美国等发达国家的贸易代表实际上已经将普通的版权侵权置于与"盗版"等量齐观的位置,并将它们共同作为过去数十年以知识产权为基础的经济收益急速下降的罪魁祸首。③ 此外,我们要防止出现美国等那样的知识产权强国心态。历史上的领导国家常常将自己的利益和偏好塑造为国际社会的共同目标。但是,如果这种目标并不符合其他国家的根本利益,那么国际领导最终并不能解决世界上的问题,有时还会加剧原有的问题,或制造出新的问题和挑战。④ 人类,无论文化或国别,在基本的正义判断方面,直觉相通。正是这种放之四海而皆准的正义直觉,将我们紧密联系在一起,此乃人类根性之一部。⑤ 中国应保持一种平等共享的理念去构建新时代的知识产权海关保护和谐价值观。

---

① [美]约翰·亨利·梅利曼:《大陆法系》,顾培东、禄正平译,法律出版社 2004 年版,第 155 页。

② [美]E.博登海默:《法理学:法律哲学与法律方法》,邓正来译,中国政法大学出版社 1999 年版,第 200 页。

③ 李宗辉:《〈反假冒贸易协定〉(ACTA)的"表"与"里"》,载《电子知识产权》2011 年第 8 期。

④ 陈志敏、周国荣:《国际领导与中国协进型领导角色的构建》,载《世界经济与政治》2017 年第 3 期。

⑤ [美]保罗·罗宾逊、莎拉·罗宾逊:《海盗、囚徒与麻风病人:关于正义的十二堂课》,李立丰译,北京大学出版社 2018 年版,第 1 页。

第二,以双边或区域自由贸易协定为重点,主动参与知识产权规则的制定。

随着知识经济和经济全球化的发展,知识产权法律全球化已经成为一个重要的发展趋势。一方面,知识产权法律全球化是国际政治经济力量博弈的结果,有着深刻的国际政治经济根源;另一方面,由于知识产权已经成为国际竞争力的核心要素,知识产权法律全球化对国际政治经济结构和秩序必将产生重要而深刻的影响。[1] 普遍观点认为,朝着多边框架内统一、强化和整合的国际知识产权制度方向发展乃是一种明显的历史趋势,但是,这种趋势却因该制度各利益相关方的利益差异而缓慢前行。当整合进程在多边框架内受阻之时,实业家们便努力在替代性环境下实施其变化日程,例如通过区域性和双边贸易协议以及诸边协议。[2] 2012年6月,《视听表演北京条约》诞生,作为历史上第一个在中国缔结的国际知识产权条约,彰显了中国对国际知识产权事业的自主性贡献,标志着中国在知识产权国际舞台上从规则接受者向规则制定者的角色转变。

有人说,当谈到在知识产权法领域中的政策行动方案的规划时,中国还未找到自己的位置。中国的知识产权法律与学说,仍有待于在中国商业文化中淬炼并升华。正当巴西和阿根廷在不断努力前行,并使他们的有关知识产权对发展中国家的作用之观点为人所知时,中国仍在专注于知识产权的本地执行。[3] 这个结论虽然有些刺

---

① 徐元:《后 TRIPS 时代知识产权法律全球化的新特点及我国的对策》,载《国际贸易》2015年第6期。

② [美]弗雷德里克·M.阿伯特、[瑞士]托马斯·科蒂尔、[澳]弗朗西斯·高锐:《世界经济一体化进程中的国际知识产权法》(上册),王清译,商务印书馆2014年版,第8页。

③ 安臣·坎普曼·桑德斯:《知识产权法和政策与经济发展——以中国为特定研究对象》,载何天翔、谢晴川主编:《中国知识产权法:中国特色知识产权新探索》,中国大百科全书出版社2018年版,第313页。

耳,但也是一种提醒。问题的关键在于选对切入途径。双边或区域
自由贸易协定将是中国知识产权海关保护制度国际化的一个重点途
径。中国自由贸易协定知识产权条款经历了从无到有、从简单提及
到独立成章的演进过程,取得积极进展。在近年来与新西兰、秘鲁和
哥斯达黎加所签订的 FTA 中,以增加知识产权合作为基本原则,保
留了 TRIPS 协定的灵活性,没有设定更高的知识产权保护标准,强
调知识产权保护的利益平衡。实体内容部分,强调遗传资源、传统知
识和民间文艺保护中的惠益分享;专利申请中披露遗传资源和事先
知情同意义务,体现了中国的知识产权利益关注点,但仍然存在形式
不够统一、内容比较简略、条文不够严谨、制度模式不尽合理等缺
陷。① 还有人认为,中国区域贸易协定知识产权规定侧重于建立合
作与信息交流机制,加强能力建设。换言之,旨在建立一种灵活的软
性机制。中国缔结的区域贸易协定只要求缔约方遵守 TRIPS 协定
和已经参加的知识产权国际条约项下的义务,而不要求加入新的多
边条约。即便特别提及的地理标志、遗传资源和传统知识等,也未超
出 TRIPS 协定义务的范畴。②

　　但是,我们在前文中整理归纳中国已经签署生效的双边自由
贸易协定中可以看出,在知识产权边境措施的具体条款设计上,事
实上不仅有很多内容已经明显超出了 TRIPS 协定,还充分吸取了
ACTA 边境措施中的最新规定,例如,在《中国—韩国自由贸易协
定》中就明确边境保护的范围环节不仅包括进口、出口、转运,还涵
盖了国内存放与保税仓库,除假冒商标与盗版外,侵犯专利、植物
多样性、已注册的外观设计或者地理标志权利的货物也被纳入保
护范围。当然,在文字表述中,该协定通过限制性条件的方式使得

---

① 杨静:《自由贸易协定知识产权条款研究》,法律出版社 2013 年版,第 35 页。
② 李晓玲、陈雨松:《国际知识产权贸易谈判的新方略》,载《环球法律评论》2011 年
第 1 期。

这些新规定暂时不会在中国适用,但规定出现的本身就意味着政府在此问题上已经做过了充分的考虑,随着情况的变化,相应的法律法规作出修改后,这些新内容的实施就不再具有任何的法律障碍。

由于美国霸权影响因素在中国周边地区客观存在,中国如果仅仅凭借较为突出的经济权力优势对周边国家展开 FTA 战略攻势,并不能如预期一样显著提升中国与周边国家的关系亲密度,也难以真正构建有利于中国未来可持续发展的和谐、稳定、安全的周边环境。未来的世界仍然是以制度运行为主的规则型世界。[①] 因此,中国在推动将双边或区域自由贸易协定作为积极参与知识产权国际规则的同时,还应当继续保持对知识产权边境保护多边体制的支持。这是因为民族国家主要是通过致力于国际法秩序中的"体制转换"来实现对知识产权国际化进程的影响的。[②] 弱方应当学会适用多层次、多论坛的游戏规则。[③] 另外,中国必须学会善于利用体量庞大的国内市场作为武器,在谈判中获取对方的让步。当有机会获得贸易或经济援助方面的有形收益时,发展中国家很容易在知识产权这种无形代价上作出让步。无论双边贸易协定还是 WTO 这类的多边贸易协定谈判时均是如此。[④]

第三,积极加强知识产权海关保护制度的能力建设。

美国知识产权制度的发展历程已经表明,任何一个国家,在其知

---

① 孙忆、孙宇辰:《自由贸易协定能提升国家间亲密度吗?——基于中国周边 FTA 的实证分析》,载《世界经济与政治》2017 年第 4 期。

② Stephen D. Krasner, "Structural Causes and Regime Consequences: Regimes as Intervening Variable", *International Organization*, Volume 36, Issue 2, Spring 1982, p.186.

③ Susan K. Sell, "The Quest for Global Governance in Intelluctal Property and Public Health: Structural, Discursive and Institutional Dimensions", *Temple Law Review*, Vol.77, Summer 2004, p.364.

④ Peter K. Yu, "The Objectives and Principles of the TRIPS Agreement", *Houston Law Review*, Vol.46, 2009, p.1005.

识产权制度发展史上,都有一个从"选择性"保护到"全部保护",从"弱保护"到"强保护"的过渡期。① 日本也从追赶发达国家的立场到成为被追赶的立场,所以必须具有"盗窃他人的知识产权是件坏事,被他人盗窃也是不能许可的"这样的认识。② 毫无疑问,对于任何一个国家来说,都需要一个过渡期的转换。知识产权海关保护制度的实施客观上也对国家能力提出了较高的要求。有人就提出,就预算支出和熟练人员的雇佣而言,加强知识产权执法是一项费用高昂的工作。对于面临诸多体制缺陷的发展中国家而言,一个至关重要的问题是:更强有力的知识产权执法是否会从其他优先发展事项上抽走财政与人力资源?③

因此,积极加强知识产权海关保护制度的能力建设一方面是中国完善知识产权海关保护制度的重要手段,同时也是推动知识产权海关保护制度国际化的重要途径。应该说中国目前就具体问题创设符合自身利益的具体规则能力不佳,而且从民间到官方对于知识产权的强保护都有防备心理,这样将不利于中国更多地参与知识产权国际条约制定的谈判。④ 中国的国际责任应当是它对外部世界在经济、政治、安全和道义等方面所承担的义务。⑤ 中国从 20 世纪 90 年代开始就致力于塑造一种负责任大国身份,相对于广大发展中国家,更多地强调自身承担的责任和义务,为这些国家的发展提供力所能及的帮助。习近平总书记就指出,中国对非洲国家政策的重点在于

---

① 何兴强:《中国加入世贸组织以来的中美知识产权争端》,载《美国研究》2008 年第 2 期。

② [日]荒井寿光:《知识产权革命》,夏雨译,知识产权出版社 2017 年版,第 11 页。

③ [美]弗雷德里克·M.阿伯特、[瑞士]托马斯·科蒂尔、[澳]弗朗西斯·高锐:《世界经济一体化进程中的国际知识产权法》(上册),王清译,商务印书馆 2014 年版,第 67 页。

④ 张娜:《TRIPS-plus 造法问题研究》,中国政法大学出版社 2015 年版,第 114 页。

⑤ 王公龙:《国家利益、共有利益与国际责任观——兼论中国国际责任观的构建》,载《世界经济与政治》2008 年第 9 期。

不附加任何政治条件的前提下,帮助非洲国家把资源优势转化为发展优势,实现多元、自主和可持续的发展。① 在这种战略背景下,向广大的发展中国家提供知识产权海关保护制度的能力培训是下一步考虑的一个重点方向。此外,后 TRIPS 协定时代在美国主导下的双边自由贸易协议更进一步扩张了国际经济合作和贸易关系中的知识产权保护。发展中国家尽管也在尝试建立自己的地区知识产权组织,在它们之间的自由贸易协定中约定适度的知识产权保护标准和确立代表它们利益的知识产权保护制度,但这些努力目前所形成的影响力尚比较有限。② 因此,中国也可以适当考虑配合国家"一带一路"倡议建设一个中国主导的知识产权保护组织。

---

① 中共中央宣传部:《习近平总书记系列重要讲话读本》,学习出版社、人民出版社 2014 年版,第 150 页。

② 李宗辉:《历史视野下的知识产权制度》,知识产权出版社 2015 年版,第 276 页。

参考文献

一、中文文献
(一)论文类文献

习近平:《在省部级主要领导干部学习贯彻党的十八届四中全会精神全面推进依法治国专题研讨班上的讲话》,中共中央文献研究室编:《习近平关于全面依法治国论述摘编》,中央文献出版社 2015 年版

Branislav Gosovic:《南方国家重整旗鼓与全球南北关系的重塑》,张泽忠译,载陈安主编:《国际经济法学刊》第 22 卷第 3 期,北京大学出版社 2016 年版

编者按:《知识产权的共同规则与自主话语》,载《中国社会科学》2011 年第 5 期

曹新明:《关于权利弱化与利益分享理论之研究——一种新的知识产权理论范式》,载张玉敏主编:《西南知识产权评论》(第二辑),知识产权出版社 2012 年版

陈志敏、周国荣:《国际领导与中国协进型领导角色的构建》,载《世界经济与政治》2017 年第 3 期

达巍:《特朗普政府的对华战略前瞻:确定性与不确定性》,载《美国研究》2016 年第 6 期

冯象:《知识产权的终结——"中国模式"之外的挑战》,李一达译,载张玉敏主编:《西南知识产权评论》(第四辑),知识产权出版社 2014 年版

冯晓青、刘淑华:《试论知识产权的私权属性及其公权化趋向》,载《中国法学》2004 年第 1 期

高鸿钧:《美国法全球化:典型例证与法理反思》,载《中国法学》2011

年第 1 期

葛亮、张鹏:《〈反假冒贸易协议〉的立法动力学分析与应对》,载《知识产权》2014 年第 1 期

郭民生、郭铮:《"知识产权优势"理论探析》,载《知识产权》2006 年第 2 期

海关总署政法司:《2007 中国海关知识产权保护备忘录》,载《中国海关》2008 年第 5 期

海关总署政法司:《2010 知识产权海关保护十佳案例》,载《中国海关》2011 年第 6 期

何兴强:《中国加入世贸组织以来的中美知识产权争端》,载《美国研究》2008 年第 2 期

洪俊杰等:《国际知识产权新规则对我国的挑战及应对》,载《国际贸易》2015 年第 6 期

胡波:《共享模式与知识产权的未来发展——兼评"知识产权替代模式说"》,载张玉敏主编:《西南知识产权评论》(第四辑),知识产权出版社 2014 年版

贾小宁、周艳:《谈〈知识产权海关保护条例〉修订的部分内容》,载《知识产权》2004 年第 1 期

李群英:《进口真货也违法?》,载《中国海关》2006 年第 2 期

李晓玲、陈雨松:《国际知识产权贸易谈判的新方略》,载《环球法律评论》2011 年第 1 期

李永明、吕益林:《论知识产权之公权性质——对"知识产权属于私权"的补充》,载《浙江大学学报(人文社会科学版)》2004 年第 4 期

李宗辉:《〈反假冒贸易协定〉(ACTA)的"表"与"里"》,载《电子知识产权》2011 年第 8 期

凌金铸:《美国在知识产权保护国际化进程中的作用》,载《江海学刊》2007 年第 2 期

刘剑文:《知识经济与法律变革》,载《北大法律评论》第 5 卷,法律出版社 2003 年版

刘萍、冯帅：《ACTA 的"变相"回归及中国对策研究》，载《时代法学》2013 年第 5 期

刘银良：《美国域外知识产权扩张中的论坛选择政策研究：历史、策略与哲学》，载张玉敏主编：《西南知识产权评论》（第四辑），知识产权出版社 2014 年版

刘颖：《境内关外，姐告升级为中缅"双中心"》，载《中国经济导报》2011 年 10 月 18 日

刘志云：《法律全球化进程中的特征分析与路径选择》，载《法制与社会发展》2007 年第 1 期

欧福永、黄文旭：《欧共体特定海关事项案述评》，载《时代法学》2007 年第 3 期

曲三强：《被动立法的百年轮迴——谈中国知识产权保护的发展历程》，载《中外法学》1999 年第 2 期

尚妍：《〈反假冒贸易协定〉边境措施研究》，载《现代法学》2012 年第 6 期

苏长和：《互联互通世界的治理和秩序》，载《世界经济与政治》2017 年第 2 期

孙益武：《过境货物相关知识产权执法研究》，复旦大学 2013 年博士学位论文

孙忆、孙宇辰：《自由贸易协定能提升国家间亲密度吗？——基于中国周边 FTA 的实证分析》，载《世界经济与政治》2017 年第 4 期

王公龙：《国家利益、共有利益与国际责任观——兼论中国国际责任观的构建》，载《世界经济与政治》2008 年第 9 期

王迁：《将知识产权法纳入民法典的思考》，载《知识产权》2015 年第 10 期

王秋华：《对我国适用海关边境保护措施涉及专利权问题的思考——兼谈 TRIPS 协议的相关要求》，载《科技与法律》2003 年第 1 期

王太平：《知识产权制度的未来》，载张玉敏主编：《西南知识产权评论》（第四辑），知识产权出版社 2014 年版

王宇:《谁在反对 ACTA?》,载《中国知识产权报》2012 年 8 月 22 日

魏森:《法律文化帝国主义研究——以中国知识产权立法为中心》,载《法商研究》2009 年第 3 期

吴超鹏、唐菂:《知识产权保护执法力度、技术创新与企业绩效——来自中国上市公司的证据》,载《经济研究》2016 年第 11 期

吴汉东:《知识产权的私权与人权属性——以〈知识产权协议〉与〈世界人权公约〉为对象》,载《法学研究》2003 年第 3 期

吴汉东:《论知识产权国际保护制度的基本原则》,载《知识产权年刊》创刊号,北京大学出版社 2005 年版

吴汉东:《关于知识产权私权属性的再认识——兼评"知识产权公权化"理论》,载《社会科学》2005 年第 10 期

吴汉东:《中国知识产权的国际战略选择与国内战略安排》,载《今日中国论坛》2006 年第 Z1 期

吴汉东:《利弊之间:知识产权制度的政策科学分析》,载《法商研究》2006 年第 5 期

吴汉东:《知识产权本质的多维度解读》,载《中国法学》2006 年第 5 期

吴汉东:《中国知识产权法制建设的评价与反思》,载《中国法学》2009 年第 1 期

吴汉东:《国际变革大势与中国发展大局中的知识产权制度》,载《法学研究》2009 年第 2 期

吴汉东:《知识产权的多元属性及研究范式》,载《中国社会科学》2011 年第 5 期

吴汉东:《知识产权法价值的中国语境解读》,载《中国法学》2013 年第 4 期

吴汉东:《知识产权法的制度创新本质与知识创新目标》,载《法学研究》2014 年第 3 期

徐红菊:《中国知识产权法的美国化? ——美国模式的影响与走向》,载高鸿钧主编:《清华法治论衡:法律全球化与全球法律化》,清华大

学出版社 2011 年版

徐瑄:《知识产权的正当性——论知识产权法中的对价与衡平》,载《中国社会科学》2003 年第 4 期

徐元:《后 TRIPS 时代知识产权法律全球化的新特点及我国的对策》,载《国际贸易》2015 年第 6 期

许林、戴邴仕:《云南姐告边境贸易区"境内关外"政策效应的经济学分析》,载《生态经济》2014 年第 9 期

薛虹:《发展中国家的崛起与知识产权国际保护的新趋势》,载国家知识产权战略制定工作领导小组办公室编:《挑战与应对:国家知识产权战略论文集》,知识产权出版社 2007 年版

薛虹:《知识产权准多边国际体制的扩张》,载《暨南学报(哲学社会科学版)》2012 年第 6 期

杨鸿:《〈反假冒贸易协定〉的知识产权执法规则研究》,载《法商研究》2011 年第 6 期

余敏友等:《知识产权边境保护——现状、趋势与对策》,载《法学评论》2010 年第 1 期

喻山澜、孔维福:《"境内关外"看姐告》,载《中国工商报》2012 年 10 月 11 日

袁真富、郑舒姝:《〈反假冒贸易协定〉(ACTA):制度评价及其国际影响》,载《国际贸易问题》2012 年第 7 期

詹映:《〈反假冒贸易协定〉(ACTA)的最新进展与未来走向》,载《国际经贸探索》2014 年第 4 期

张德芬:《知识产权法之和谐价值的正当性及其实现》,载《法学评论》2007 年第 4 期

张红:《知识产权海关保护的私权性及利益平衡要求》,载《政法论坛》2010 年第 5 期

张惠彬:《后 TRIPS 时代国际知识产权保护新趋势——以〈反假冒贸易协定〉为考察中心》,载《国际商务(对外经济贸易大学学报)》2013 年第 6 期

张惠彬：《论商标权边境保护制度——兼评 ACTA 之相关规定》，载《国际经贸探索》2013 年第 11 期

张磊等：《〈反假冒贸易协议〉研究》，载《河北法学》2013 年第 11 期

张猛：《〈反假冒贸易协定〉（ACTA）解析：标准之变与体制之争》，吉林大学 2013 年博士学位论文

郑成思：《信息、知识产权和我国知识产权战略若干问题》，载《环球法律评论》2006 年第 3 期

郑成思：《国际知识产权保护和我国面临的挑战》，载《法制与社会发展》2006 年第 6 期

朱秋沅：《特殊区域内知识产权边境侵权规制问题比较研究——兼驳"特殊监管区域处于境内关外"的误解》，载《上海海关学院学报》2012年第 4 期

朱颖：《美国知识产权保护制度的发展——以自由贸易协定为拓展知识产权保护的手段》，载《知识产权》2006 年第 5 期

左玉茹：《ACTA 的落幕演出》，载《电子知识产权》2013 年第 Z1 期

（二）著作类文献

蔡宏波：《双边自由贸易协定的理论重构与实证研究》，中国经济出版社 2011 年版

陈福利：《中美知识产权 WTO 争端研究》，知识产权出版社 2010年版

古祖雪：《国际知识产权法》，法律出版社 2002 年版

国务院新闻办公室：《1994 年中国知识产权保护状况》，五洲传播出版社 1994 年版

国家口岸管理办公室编：《关税同盟海关法典》，白石、蒋小林译，中国海关出版社 2011 年版

国家知识产权局：《中国知识产权统计年报 2017》，知识产权出版社2018 年版

何力：《日本海关法原理与制度》，法律出版社 2010 年版

何天翔、谢晴川主编：《中国知识产权法：中国特色知识产权新探

索》,中国大百科全书出版社 2018 年版

贾小宁、周艳:《知识产权海关保护》,中国海关出版社 2005 年版

孔祥俊:《WTO 知识产权协定及其国内适用》,法律出版社 2002 年版

李浩培:《条约法概论》,法律出版社 2003 年版

李明德等:《欧盟知识产权法》(第二版),法律出版社 2010 年版

李明德:《美国知识产权法》,法律出版社 2014 年版

李轩、卡洛斯·M. 柯莱亚编著:《知识产权实施:国际视角》,知识产权出版社 2012 年版

李雨峰:《枪口下的法律:中国版权史研究》,知识产权出版社 2006 年版

李明山主编:《中国古代版权史》,社会科学文献出版社 2012 年版

李宗辉:《历史视野下的知识产权制度》,知识产权出版社 2015 年版

金海军:《知识产权实证分析[Ⅰ]:创新、司法与公众意识》,知识产权出版社 2015 年版

廖丽:《国际知识产权新趋势——TRIPS-Plus 知识产权执法研究》,中国社会科学出版社 2015 年版

刘春田主编:《知识产权法》,高等教育出版社、北京大学出版社 2000 年版

刘华:《知识产权制度的理性与绩效分析》,中国社会科学出版社 2004 年版

刘银良:《国际知识产权政治问题研究》,知识产权出版社 2014 年版

毛金生等:《国际知识产权执法新动态研究》,知识产权出版社 2013 年版

时殷弘:《对外政策与历史教益:研判和透视》,世界知识出版社 2014 年版

世界海关组织:《关于简化和协调海关制度的国际公约(京都公约)总附约和专项附约指南》,海关总署国际司编译,中国海关出版社 2003 年版

世界知识产权组织编著:《世界知识产权组织知识产权指南——政策、法律及应用》,北京大学国际知识产权研究中心译,郑胜利、王晔主编,知识产权出版社 2012 年版

孙益武:《中国自由贸易试验区知识产权保护制度研究》,知识产权出版社 2018 年版

孙远东:《从海关特殊监管区域到自由贸易园区——中国的实践与思考》,首都经济贸易大学出版社 2014 年版

唐广良:《知识产权:反观、妄议与臆测》,知识产权出版社 2013 年版

陶鑫良、袁真富:《知识产权法总论》,知识产权出版社 2005 年版

田力普主编:《中国企业海外知识产权纠纷典型案例启示录》,知识产权出版社 2010 年版

万鄂湘等:《国际条约法》,武汉大学出版社 1998 年版

王黎明:《最初的交锋——中外首次知识产权谈判》,知识产权出版社 2008 年版

王殊:《中国知识产权边境保护》,中国政法大学出版社 2011 年版

王太平:《知识产权制度的未来》,载张玉敏主编:《西南知识产权评论》(第四辑),知识产权出版社 2014 年版

王振宇:《中国知识产权法律发展研究——基于维护国家经济安全的视角》,社会科学文献出版社 2014 年版

吴汉东主编:《中国知识产权制度评价与立法建议》,知识产权出版社 2008 年版

吴汉东、郭寿康主编:《知识产权制度国际化问题研究》,北京大学出版社 2010 年版

吴汉东:《知识产权总论》(第三版),中国人民大学出版社 2013 年版

吴汉东主编:《中国知识产权蓝皮书(2015—2016)》,知识产权出版社 2017 年版

吴鸣:《公共政策的经济学分析》,湖南人民出版社 2004 年版

徐明华、包海波等:《知识产权强国之路——国际知识产权战略研究》,知识产权出版社 2003 年版

许涛:《超越:技术、市场与经济增长的历程》,社会科学文献出版社2018年版

薛波主编:《元照英美法词典》,法律出版社2003年版

薛虹:《十字路口的国际知识产权法》,法律出版社2012年版

杨国华:《美国贸易法"301条款"研究》,法律出版社1998年版

杨国华:《中美知识产权问题概观》,知识产权出版社2008年版

杨静:《自由贸易协定知识产权条款研究》,法律出版社2013年版

杨明:《知识产权请求权研究——兼以反不正当竞争为考察对象》,北京大学出版社2005年版

叶京生主编:《国际知识产权学》,立信会计出版社2004年版

英国知识产权委员会:《知识产权与发展政策相结合委员会关于知识产权的报告》,2002年版

詹映:《中国知识产权合理保护水平研究》,中国政法大学出版社2014年版

张耕:《民间文学艺术的知识产权保护研究》,法律出版社2007年版

张娜:《TRIPS-plus造法问题研究》,中国政法大学出版社2015年版

张乃根:《国际贸易相关知识产权法》,上海人民出版社2016年版

张文显主编:《法理学》,法律出版社2004年版

郑成思:《关贸总协定与世界贸易组织中的知识产权》,北京出版社1994年版

郑成思:《WTO知识产权协议逐条讲解》,中国方正出版社2002年版

中共中央宣传部:《习近平总书记系列重要讲话读本》,学习出版社、人民出版社2014年版

中国大百科全书总编辑委员会《法学》编辑委员会、中国大百科全书出版社编辑部编:《中国大百科全书(法学卷)》,中国大百科全书出版社1984年版

周枏:《罗马法原论》(上),商务印书馆1994年版

朱秋沅:《知识产权边境保护制度理论与实务》,上海财经大学出版

社 2006 年版

朱秋沅:《知识产权边境保护制度原理与实案》,复旦大学出版社 2013 年版

朱秋沅:《知识产权边境保护制度国际化与本土化研究》,知识产权出版社 2014 年版

朱淑娣:《中美知识产权行政法律保护制度比较——捷康公司主动参加美国 337 行政程序案》,知识产权出版社 2012 年版

朱谢群:《中国知识产权发展战略与实施的法律问题研究》,中国人民大学出版社 2008 年版

[澳]彼得·达沃豪斯、约翰·布雷斯韦特:《信息封建主义》,刘雪涛译,知识产权出版社 2005 年版

[澳]布拉德·谢尔曼、[英]莱昂内尔·本特利:《现代知识产权法的演进:英国的历程(1760—1911)》,金海军译,北京大学出版社 2012 年版

[德]卡尔·拉伦茨:《法学方法论》,陈爱娥译,商务印书馆 2003 年版

[德]G. 拉德布鲁赫:《法理学》,王朴译,法律出版社 2005 年版

[德]魏德士:《法理学》,丁晓春、吴越译,法律出版社 2005 年版

[美]埃尔曼:《比较法律文化》,贺卫方、高鸿钧译,生活·读书·新知三联书店 1990 年版

[美]E. 博登海默:《法理学:法律哲学与法律方法》,邓正来译,中国政法大学出版社 1999 年版

[美]布鲁斯·E. 克拉伯:《美国对外贸易法和海关法》,蒋兆康等译,法律出版社 2000 年版

[美]约翰·亨利·梅利曼:《大陆法系》,顾培东、禄正平译,法律出版社 2004 年版

[美]苏珊·K. 塞尔:《私权、公法——知识产权的全球化》,董刚、周超译,中国人民大学出版社 2008 年版

[美]弗朗西斯·福山:《政治秩序的起源:从前人类时代到法国大革

命》,毛俊杰译,广西师范大学出版社2012年版

[美]弗雷德里克·M.阿伯特、[瑞士]托马斯·科蒂尔、[澳]弗朗西斯·高锐:《世界经济一体化进程中的国际知识产权法》下册,王清译,商务印书馆2014年版

[美]威廉·M.兰德斯、理查德·A.波斯纳:《知识产权法的经济结构》(中译本第二版),金海军译,北京大学出版社2016年版

[美]彼得·卡赞斯坦:《地区构成的世界:美国帝权中的亚洲和欧洲》,秦亚青、魏玲译,北京大学出版社2007年版

[美]韩诺季:《解构山寨——中国的"仿冒"反文化》,载陈夏红主编,何天翔、谢晴川编:《中国知识产权法:中国特色知识产权新探索》,王杰、彭耀进译,中国大百科全书出版社2018年版

[美]约翰·朱迪斯:《民粹主义大爆炸》,马霖译,中信出版集团2018年版

[美]保罗·罗宾逊、莎拉·罗宾逊:《海盗、囚徒与麻风病人:关于正义的十二堂课》,李立丰译,北京大学出版社2018年版

[日]荒井寿光:《知识产权革命》,夏雨译,知识产权出版社2017年版

[日]田村善之:《日本知识产权法》,周超等译,知识产权出版社2011年版

[意]彼德罗·彭梵得:《罗马法教科书》,黄风译,中国政法大学出版社1992年版

[意]D.奈尔肯、[英]J.菲斯特编:《法律移植与法律文化》,高鸿钧等译,清华大学出版社2006年版

[英]卡尔·波普:《历史决定论的贫困》,杜汝楫、邱仁宗译,华夏出版社1987年版

[英]安托尼·奥斯特:《现代条约法与实践》,江国青译,中国人民大学出版社2005年版

二、英文文献

Andrew C. Mertha, *Politics of Piracy*: *Intellectual Propertu in*

Contemporary China, Ithaca: Cornell University Press, 2007

Bankole Sosipo, *Piracy and Counterfeiting GATT, TRIPS and Developing Countries*, Amsterdam: Kluwer Law International, 1997

Bryan Mercurio, "TRIPS-Plus Provisions in FTAs: Recent Trends", Lorand Bartels & Federico Ortino (eds.), *Regional Trade Agreements and the WTO Legal System*, Oxford: Oxford University Press, 2006

Carsten Weerth, "European Community Customs Code: The Small Customs Code Revision and Americanization of European Customs Law", *Global Trade and Customs Journal*, Volume 2, Issue 10, 2007

Charles Arthur, "ACTA Down, But Not Out, as Europe Votes Against Controversial Treaty", *The Guardian*, June 4, 2012

China Slams Nearly Completed ACTA, "Questions Its WTO Compatibility", *World Trade Online*, November 4, 2010

Jeanne J. Grimmett, "Why Certain Trade Agreements are Approved as Congressional-Executive Agreements Rather Than as Treaties", *Congressional Research Service Reports*, updated April 5, 2002

Daniel J. Gervais, "The Internationalization of Intellectual Property: New Challenges from the Very Old and the Very New", *Fordham Intellectual Property, Media & Enterainment Law Journal*, Spring 2002

Daniel Pruzin, "No Agreement at WIPO on Patent Agenda; Developing Countries Push for Exceptions", *International Trade Daily*, February 9, 2010

David Meyer, "ACTA to be Examined by Top EU Court", *ZDNet UK*, February 22, 2010

Davide Rovetta and Michael Lux, "The US Challenge to the EC Customs Union", *Global Trade and Customs Journal*, Volume 2, Issue 5, 2007

Donald Harris, "TRIPS after Fifteen Years: Success or Failure, as Measure by Compulsory Licensing", *Journal of Intellectual Property Law*, Spring 2011

Erik Wasson, "EU ACTA Document Reveals Little Agreement at Seventh

Round of Talks", *Inside U.S. Trade*, February 19, 2010

"Poland Suspends Ratification of ACTA Bill", *EU Observer*, February 6, 2012

Bloomberg BNA Patent, "European Commission Puts ACTA Ratification on Hold; Requests EU High Court Review", *Trademark & Copyright Law Daily*, February 23, 2012

European Commission Seeks Mandate to Negotiate Major New International Anti-counterfeiting Pact, IP/07/1573, Brussels, October 23, 2007

"European Parliament Rejects ACTA", *European Parliament/News*, July 4, 2012

"German Government Suspends ACTA Ratification", *EU Observer*, February 10, 2011

IP Justice, "IP Justice Comments to USTR on the Proposed Anti-Counterfeiting Trade Agreement(ACTA)", March 21, 2008

J. Braithwaite, P. Drahos, "Global Business Regulation", Cambridge: Cambridge University Press, 2000

J. H. Reichman, "Enforcing the Enforcement Procedures of the TRIPS", *Virginia Journal of International Law*, Vol.37, 1997

Jean-Frederic Morin, "Multilateralizing TRIPS-Plus Agreements: Is the US Strategy a Failure?", *The Journal of World Intellectual Property*, Vol. 12, 2009

Jeremy Malcolm, "Public Interest Representation in Global IP Policy Institutions", *American University Washington College of Law*, No.9, 2010

Kenneth L. Port, "A Case Against the ACTA", *Cardozo Law Review*, 2012

Laurence R. Helfer, "Regime Shifting: The TRIPS, Agreement and New Dynamics of International Intellectual Property Lawmaking", *The Yale Journal of International Law*, Winter, Vol.29

Lavonne D. Burke, "Note, The United States Takes Center Stage in the International Fight Against Online Piracy & Counterfeiting", *33 Houston Jour-*

nal of International Law, Vol.33, 2010

Letter from the Honorable Ron Kirk, U.S. Trade Representative, to the Honorable Ron Wyden, U.S. Senator, December 7, 2011

Lionel Bently & Brad Sherman, *Intellectual Property Law*, Oxford: Oxford University Press, 2001

Margot E. Kaminski, "An Overview and the Evolution of the Anti-Counterfeiting Trade Agreement (ACTA)", *PIJIP Research Paper*, No. 17, Washington D.C., 2011

Margot Kaminski, "Recent Development: The Origins and Potential Impact of the Anti-Counterfeiting Trade Agreement", *Yale Journal of International Law*, Winter 2009

Mayne Ruth, "Regionalism, Bilateralism, and TRIPS Plus Agreement: The Threat to Developing Countries", *Human Development Report*, Human Development Report Office, 2005

Monika Ermert, "Embattled ACTA Negotiations Next Week in Geneva; US Sees Signing This Year", *Intellectual Property Watch*, May 2009

Nikolaj Nielsen, "Czech Republic Stops Ratification of Anti-Counterfeit Treaty", *EU Observer*, February 7, 2012

"Numerous Firms Reviewed Draft Treaty Proposal on IP", *Congress Daily*, October 14, 2009

Nils WAHL, Luca PRETE, "Blowin' Against the Wind: On ACTA, AA, CETA, TTIP and the Forgetfulness of David Ricardo", *Journal of World Trade* *51*, No.5, 2017

"Organization for Economic Cooperation and Development", *The Economic Impact of Counterfeiting and Piracy*, June 2008

Pascal Lamy, "Trade-Related Aspects of Intellectual Property Rights-Ten Years Later", *Journal of World Trade*, October 2004

Peggy Chaudhry, Alan Zimmerman, "The Economics of Counterfeit Trade: Governments, Consumers, Pirates and Intellectual Property Rights",

Berlin: *Springer*, 2009

Peter K. Yu, "The Objectives and Principles of the TRIPS Agreement", *Houston Law Review*, Vol.46, 2009

Peter K. Yu, "TRIPS and its Achilles' Heel", *Journal of Intellectual Property Law*, Spring 2011

Rick Mitchell, "Japan Trade Official Says ACTA Should Serve as Model for WTO Rules", *Bloomberg BNA Intellectual Property Law Resource Center*, April 8, 2011

Robin Gross, "IP Justice White Paper on the Proposed Anti-Counterfeiting Trade Agreement(ACTA)", *IP Justice*, March 25, 2008

Brian T. Yeh, "Online Copyright Infringement and Counterfeiting: Legislation in the 112th Congress", *Congressional Research Service Reports*, January 20, 2012

Shayerah Ilias, "The Proposed Anti-Counterfeiting Trade Agreement: Background and Key Issues", *Congressional Research Service Reports*, July 19, 2012

Stephen D. Krasner, "Structural Causes and Regime Consequences: Regimes as Intervening Variable", *International Organization*, 36(3), 1982

Stephen G. Brooks, William C. Wohlforth, "The Rise and Fall Great Power in the Twenty-First Century: China's Rise and the Fate of American's Global Position", *International Security*, Vol.40, No.3, 2016

Susan K. Sell, "The Quest for Global Governance in Intelluctal Property and Public Health: Structural, Discursive and Institutional Dimensions", *Temple Law Review*, Vol.77, Summer 2004

Susan K. Sell, "TRIPS was Never Enough: Vertical Forum Shifting, FTAS, ACTA and TPP", *Journal of Intellectual Property Law*, Spring 2011

USTR, "Anti-Counterfeiting Trade Agreement (ACTA): Request for Public Comments", *73 Federal Register 8910-8911*, February 17, 2008

USTR, "Anti-Counterfeiting Trade Agreement(ACTA): Notice of Public

Meeting", *73 Federal Register 51860-51861*, September 5, 2008

USTR, "Ask the Ambassador", *Question on the ACTA Negotiation Process*, September 23, 2009

USTR, *The Anti-Counterfeiting Trade Agreement-Summary of Key Elements Under Discussion*, April 6, 2009

USTR, *Trade Facts: Anti-Counterfeiting Trade Agreement(ACTA)*, August 4, 2008

USTR, *2011 Special 301 Report*, April 2011

USTR, *2012 Special 301 Report*, April 2012

Viviana Mnoz Tellez, "The Changing Global Governance of Intellectual Property Enforcement: A New Challenge for Developing Counties", *International Perspectives*, Edward Elgar Publishing Limiter, 2009

WIPO, WIPO IP Facts and Figures 2016

WIPO, World Intellectual Property Indicators 2016

Wolfgang Wirgand, "Americanization of Law: Reception or Convergence?", Lawrence M. Friedman and Harry N. Scheiber, "Legal Culture and the Legal Profession", Boulder: Westview Press, 1996

William P. Alford, *To Steal a Book is an Elegant Offense: Intellectual Property Law in Chinese Civilization*, Stanford: Stanford University Press, 1995

后　记

这是我个人的第三本专著，颇有些特殊的意义。

本书最初源自于我申请到的国家社科基金项目，由于研究计划的调整，需要集中精力完成博士论文的写作，曾被暂时搁置。也是冬天，我一个人待在房间里面，自我陶醉般地码字，写到痛快之处好不快活，但更多是痛苦的思索，出一个新观点，即便是站在众多前辈的肩膀上，也是何其难也，更不用说有时只是摸索着前进一小步。那时，心中常常能感受到，写作其实就是自己和另一个自己对话、说服另一个自己，结果却往往很难让自己满意。虽说文不厌改，但囿于学识的浅陋，研究成果也只能是阶段性的，故恳请读者诸君指正书中谬误之处。

拙作是我个人学术研究的一个片断，也是一个新的开始。多年来，我不断聚焦自己的研究领域，但又在浮华面前追逐社会的热潮，美其名曰拓展研究方向。事实充分证明，这是一个坏办法，或者至少对于我这样资质愚钝的人来说，不是一个好办法。作为一名学者，必须有定力，抓住自己最核心的内容，而不是跟风亦步亦趋，迷失在一个个热点中找不到方向。所以，我希望本书的出版能够促使自己回归最擅长的研究领域。

这本书也是我到新单位——广东外语外贸大学法学院后第一本专著。离开生活了 17 年的上海，来到十二月异木棉花还在盛开的广州，个人境遇以及种种，让我从很多方面加深了对人生的感悟。也常常让我深思,人究竟为了什么活在世界上?是什么驱使着你前行?想起丁肇中先生说过:"一个人在世上只走一次,要靠自己的兴趣。为了这个兴趣向前走,这才是有意义的。"是的,读书治学就是我最大的乐趣。"清茶一杯,书香为伴",固守一张安静的三尺书桌,在明亮的灯光下,看自己喜欢的书,写下自己的心得几许,这就是我不断前行的内心驱动力。一个人最大的幸运,莫过于在他的人生中途,即在他年富力强的时候发现了自己生活的使命。

"伯牙挥手,钟期听声。"感谢为本书出版提供帮助的人们。庄保保认真通读全书并提出了修改意见。林建宏、梁炜标、张雯、刘晓燕及刘晓玲同学帮忙校对文字。人民出版社茅友生编辑的专业精神是本书得以顺利出版的关键。感谢广东外语外贸大学"涉外经贸法律和规则体系完善研究"科研创新团队与科研启动经费的大力支持,虽然加入法学院这个团队才一年多点,但已让我充分感受到活泼而又紧张的氛围;大家积极向上,争创上游出成果的学术赶超,也让我不敢有丝毫懈怠但却又受益匪浅。

有开始自然就有结束。"山作田兮田作海,万古存兮谁不改。青松新陇晓无年,千载惟留铭记在。"

谨以此记。

2019 年 12 月于广州

责任编辑:茅友生
封面设计:胡欣欣

图书在版编目(CIP)数据

中国知识产权海关保护制度创新研究/周阳 著. —北京:人民出版社,
 2019.12
ISBN 978－7－01－021399－6

I.①中… Ⅱ.①周… Ⅲ.①海关-知识产权保护-司法制度-研究-中国
 Ⅳ.①D923.404

中国版本图书馆 CIP 数据核字(2019)第 224091 号

中国知识产权海关保护制度创新研究

ZHONGGUO ZHISHI CHANQUAN HAIGUAN BAOHU ZHIDU CHUANGXIN YANJIU

周 阳 著

人民出版社 出版发行

(100706 北京市东城区隆福寺街 99 号)

北京中科印刷有限公司印刷 新华书店经销

2019 年 12 月第 1 版 2019 年 12 月北京第 1 次印刷
开本:710 毫米×1000 毫米 1/16 印张:13
字数:298 千字 印数:0,001—5,000 册

ISBN 978－7－01－021399－6 定价:59.00 元

邮购地址 100706 北京市东城区隆福寺街 99 号
人民东方图书销售中心 电话 (010)65250042 65289539